Eat Like Heaven

dala food 002

味道台北

作者	歐陽應霽
策劃統籌	黃健和、黃美蘭
編輯	祁思、阿柿
助理採編	戴蓓懿（踏踏）
企宣	吳幸雯
封面、美術設計及製作	歐陽應霽、陳迪新
攝影	陳迪新
地圖設計	歐陽凱詩
封面字體設計	造字工房

法律顧問　　全理法律事務所董安丹律師

出版　　**大辣出版股份有限公司**
台北市 105 南京東路四段 25 號 11F
www.dalapub.com
Tel：(02)2718-2698　Fax：(02)2518-8670
service@dalapub.com

發行　　**大塊文化出版股份有限公司**
台北市 105 南京東路四段 25 號 11F
www.locuspublishing.com
Tel：(02)8712-3898　Fax：(02)8712-3897
讀者服務專線：0800-006689
劃撥帳號：18955675
戶名：大塊文化出版股份有限公司
locus@locuspublishing.com

台灣地區總經銷　　**大和書報圖書股份有限公司**
242 新北市新莊區五工五路 2 號
Tel：(02)8990-2558　Fax：(02)2990-1658
製版：瑞豐實業股份有限公司

初版一刷：2012 年 8 月
初版五刷：2012 年 9 月
定價：新台幣 350 元

ISBN：978-986-6634-22-2

味道台北

歐陽應霽

吃喝無序

吃喝其實是十分簡單亦十分複雜的一回事。

餓了就吃，渴了就喝，但餓了卻沒得吃，渴了又不想喝。

或者，餓了不知吃什麼，喝了，又馬上很後悔。

凡人煩人如你我，都說自己能吃、愛喝，但吃喝過後說不說得出這是什麼一種味道？這就進入究竟懂不懂飲食的範疇了。

在什麼都變得很專業，但大家其實又沒有什麼特長的今時今日，談吃談喝，忽然很親切很真實，又夠紅火夠誇張。

有天早上自然醒來，發覺不怎麼累了，拍拍心口跟自己說——竟然是十分 cliché 的那一句——有些東西現在不吃，恐怕這一輩子就不會，不能，不敢再吃了。

就是從那個早上開始，我決定要吃到底，吃下地獄吃上天堂再吃回人間。我當然也知道，吃喝是十分個人的一回事，好不好吃好不好喝都很主觀，而且跟當時心情、健康、體質、環境、氛圍都互為拉扯，跟誰跟誰一起，同桌吃喝也各有滋味，絕對是公共空間裡的私生活。

但我還是貪心，而且好勝，所以準備在未來十年八載，把自己喜愛的食物，喜愛的城市，和喜愛的人一起，一一吃下去。由於愛玩，所以不厭其煩不遺餘力地把這東南西北攀爬漂移的吃喝過程一一紀錄下來，無保留，盡地濫情分享。吃喝無序也是序，味道是行動，是過程。期望一番吃喝之後，能夠更準確更精采的處事做人。

要說的都說不完，簡單都變複雜，講多無謂，行動最實際：起筷、動手、身心投入，更重要的是，如此吃喝，找到老友良憶指點兼開路，從我深愛的台北開始。

應霽

二零一二年七月

台北好好吃

饞人——講白了，就是好吃的人——常有個「毛病」：一刻萎靡不振，直嚷嚷哪都不想去，說什麼也不想動，可一旦旁邊有人說：「欸，帶你去吃個XXX」，便剎時眼睛一亮，精神抖擻，當場又是一條好漢或巾幗英雄。

而這XXX也不見得是什麼星級餐廳的松露和牛，還是某私房餐館每天限量供應的一品佛跳牆，八成只是我們這位饞人因沒嚐過而十分好奇，或嚐過且喜愛是以樂於再吃的東西，可能是一碗麵、一盤小炒，甚至一塊剛出爐的燒餅。總之，就是能滿足饞人口腹之欲，並使其心靈滿足的美好食物。

這樣好吃的一個人，倘若踏上了旅途，那可不得了，一路上的行程恐怕都繞著吃這件事打轉，其人旅行的最大樂趣，甚至是目的，往往就是吃東西。別的人我不敢講，起碼我是這樣，我很懷疑歐陽應霽亦復如此。

不管在亞洲還是歐洲，我和歐陽每次見面，好像不是在吃吃喝喝，就是計畫著要怎樣再去吃吃喝喝，真正同一國的「酒肉朋友」。但你別小看了酒肉之交，要知道我們都是特別饞的人，生活中很多「正能量」都來自於吃，好好吃東西這件事對我們自然特別重要。

因此，我相信他同我一樣，受不了和言語乏味、面目可憎的人一道吃喝，尤其痛恨與不愛吃的人同桌而坐，偶爾遇見一次就自認倒楣，以後絕不再約便是。要能像我們這樣一約再約，老是一同吃吃喝喝，沒完沒了，老實講，是福氣。

這一回，歐陽在寫過其家鄉香港的味道後，立下大志，在未來十年八載要「把自己喜愛的食物，在自己喜愛的城市，一一吃下去」，還要一一用文字和圖片記錄下來，忝為歐陽的老友兼吃喝之交，我不但支持，且十分佩服。他走出香港的第一個城市，是他居住過一兩年的台北，恰好是我摯愛的故鄉。我雖少了他那股行遍天下、吃遍天下也寫遍天下的幹勁，但連當他在台北的領路人都不肯，也未免太對不起朋友，對不起世人。

於是，我懷抱著「一定要帶朋友在我的家鄉好好地吃吃看，讓他更愛台北」的心情，隨同歐陽和他的團隊，走進台北不同的角落，一一探尋那些我從小吃到大的美味。我們一起去尋訪的店家，有些歐陽也早已熟門熟路，有些他或曾耳聞但未嘗親臨，還有些則是我這個「台北人」的「心水」小店，那些我始終鍾愛的街坊食舖。多虧了歐陽和他的團隊，這些如今都留下圖文記錄，讓更多人也能嚐嚐台北的好味道。

不論我們去了哪裡，吃了什麼，我對吃東西這件事的信仰始終如一，那就是我的「偶像」美國飲食文學大家M. F. K.費雪說過一段話，且讓我冒著被嫌人囉嗦的危險，再次引用：「既然我們非得吃才能活，索性吃得優雅，吃得津津有味」。饞人們，且讓我們津津有味地在台北吃起來，Bon appétit!

韓良憶
二零一二年七月

目錄

第一章

跟著味覺走

東西南北四天三夜路線圖

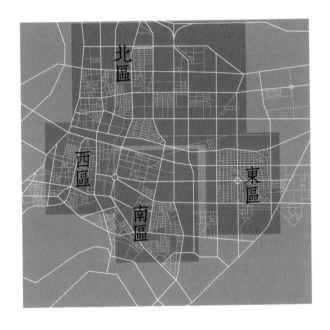

說來慚愧，來來往往台北上百次，至今還是被那一大堆仁愛信義敦化忠孝，一段二段三段又巷又弄又里，以至西藏廣州甘州寧夏潮州等等街名路名定位給混淆，弄不清這條街與那條路的東南西北相連交接關係。

唯是當你說出一個夜市一家餐廳一個路邊小吃舖的名字，甚至只是呼喚起某種食物，我倒是馬上心一動眼前一亮的意識出這一家店這一種食物在城中的準確位置，這難道就是傳說中的「味覺定位法」？

所以良憶跟我都相信，跟著味覺走，讓各種食物不同味道為台北自行劃分出東南西北區，我們也吃吃笑著為各區各自計劃四天三夜吃透透的路線圖，旨在吃出各區的精采美味的同時，吃出各區各自不同的歷史文化生活背景：時尚多變的包容開放的東區，最有傳統人文歷史特色又是機關與權力集中的西區，充滿文化學術藝術氣息的南區，還有更大範圍更多歷史紋路也更面向古今國際的北區——區與區之間又再有活潑互動，五味紛陳同時互補。

能夠跟足這四條四天三夜路線圖吃喝到底的固然是超級吃貨，但自行拼貼組合出自家覓食路線就理所當然的更加精采屬害！

東區

第一天：起個大早在**和記**吃個炭燒酥餅喝碗熱騰騰的鹹豆漿，緩緩繞至敦化南路林蔭樹道中漫步。中午直撲**半畝園**來碗醋滷麵或炸醬麵。飯後至**克立瑪**喝杯咖啡曬太陽，之後排隊體驗**哈肯舖**冠軍麵包的烘焙熱度。忠孝東路閒逛未完，得來碗**度小月**的擔仔麵，連環美味真過癮。**陸光小館**的晚餐讓人重拾上世紀六十到八十年代的眷村滋味，睡前一碗**東門甜不辣**的桂圓糯米粥暖暖胃，準備第二天再戰！

e33 和記豆漿 / e21 半畝園 / e13 克立瑪 / e28 哈肯舖 / e7 渡小月 / e1 陸光小館 / e8 東門甜不辣

第二天：復興南路**永和豆漿大王**的粢飯糰踏實飽腹，去**SOFR3SH**和逢周五周六出現的**248農學市集**走走逛逛，長見識同時助消化。中午在**阿正廚房**感受台菜日料西餐的融合美味，午後在**眼鏡咖啡**翻翻雜誌喝喝日式飲料最愜意。胃還有空間的，路過**秦家餅店**買一張乾烙蔥油餅或者韭菜盒子捲起來邊走邊吃，亦可以到**艾家清真黃牛肉麵**嚐嚐真味。**Forchetta**的精緻用心的地中海台式料理晚餐讓人著迷，但一定記得留肚給午夜小酒館 **Diary**。

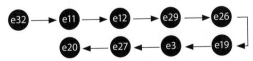

e32 永和豆漿大王 / e11 SOFR3SH / e12 248 農學市集 / e29 阿正廚房 / e26 眼鏡咖啡 / e19 秦家餅店 / e3 艾家清真黃牛肉麵 / e27 Forchetta / e20 Diary

第三天：**好樣餐廳**的 brunch 是周末周日慢生活的最佳選擇。**好丘**的貝果品種多到讓人選擇犯難。在**微熱山丘**買得鳳梨酥做手信後，順道去**芭蕾咖啡館**休息一會兒，或到 **beher 生活廚房**的日系美學氛圍中發發白日夢，轉眼到夜裡可在**北平都一處**或者**長白小館**分別嚐嚐老北平以及東北美味。夜闌人靜？**備長炭**的雞尾調酒一杯在手。

e2 好樣餐廳 / e30 好丘 Bagel / e37 微熱山丘 / e35 芭蕾咖啡館 / e36 beher 生活廚房 / e18 北平都一處 / e6 長白小館 / e25 備長炭

第四天：睡個懶覺起，約好老友來**非凡 café** 吃份豐富早餐補充能量，然後在民生社區街巷綠蔭和公園中來回閒蕩，中午轉戰到**豬跳舞小餐館**嚐嚐 Jason 大廚用雲林快樂豬演繹意國風情，或在**野村壽司**讚嘆野村裕二師傅的淡定瀟灑。在 **PEKOE** 喝杯醇正的台灣茶，挑選茶葉和醬料做伴手禮。又想念麵條了：**頂好名城美景川味擔擔麵**，或走遠一點到八德路上的**林東芳**吃碗牛肉麵讓你過足癮。晚餐在**談話頭**也許會碰到明星，不然去**穗科**吃碗看著簡單其實不簡單的手打烏龍麵吧！

e38 非凡 café / e14 豬跳舞 / e24 野村壽司 / e23 PEKOE / e4 頂好名店城美景 / e34 林東芳牛肉麵 / e5 談話頭 / e9 穗科

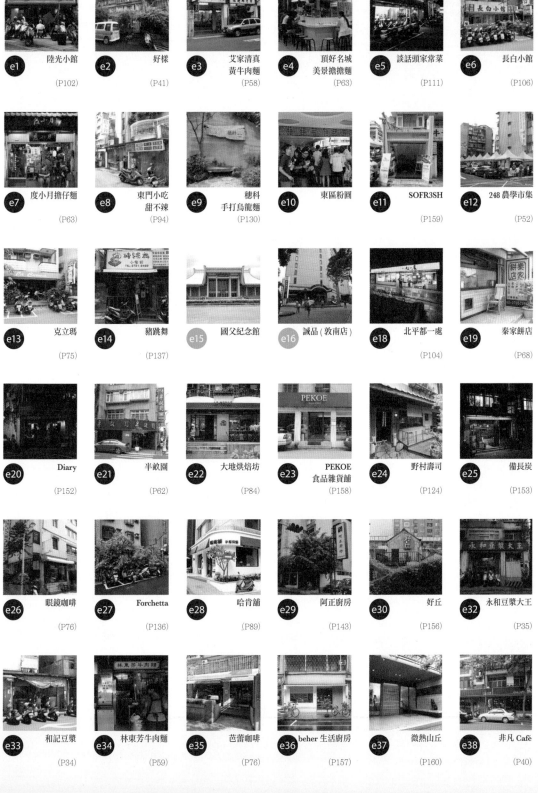

e1 陸光小館 (P102)	**e2** 好樣 (P41)	**e3** 艾家清真 黃牛肉麵 (P58)	**e4** 頂好名城 美景擔擔麵 (P63)	**e5** 談話頭家常菜 (P111)	**e6** 長白小館 (P106)
e7 度小月擔仔麵 (P63)	**e8** 東門小吃 甜不辣 (P94)	**e9** 穗科 手打烏龍麵 (P130)	**e10** 東區粉圓	**e11** SOFR3SH (P159)	**e12** 248農學市集 (P52)
e13 克立瑪 (P75)	**e14** 豬跳舞 (P137)	**e15** 國父紀念館	**e16** 誠品 (敦南店)	**e18** 北平都一處 (P104)	**e19** 秦家餅店 (P68)
e20 Diary (P152)	**e21** 半畝園 (P62)	**e22** 大地烘焙坊 (P84)	**e23** PEKOE 食品雜貨舖 (P158)	**e24** 野村壽司 (P124)	**e25** 備長炭 (P153)
e26 眼鏡咖啡 (P76)	**e27** Forchetta (P136)	**e28** 哈肯舖 (P89)	**e29** 阿正廚房 (P143)	**e30** 好丘 (P156)	**e32** 永和豆漿大王 (P35)
e33 和記豆漿 (P34)	**e34** 林東芳牛肉麵 (P59)	**e35** 芭蕾咖啡 (P76)	**e36** beher 生活廚房 (P157)	**e37** 微熱山丘 (P160)	**e38** 非凡 Café (P40)

西區

第一天：**周記**的鹹粥是萬華最地道的老滋味，走一趟**剝皮寮**和**三水市場**感受台北古早市民在地生活的好地方。中午專程去**陳記**排隊吃一碗真材實料人人叫好的大腸蚵仔麵線。午後已經參觀完**龍山寺**、**青草巷**，來到老店**龍都冰菓室**，它的八寶冰是夏日消暑的利器。晚餐在附近的**熱海碳烤海鮮**感受台菜如何受日本料理的影響，吃個痛快之餘，竟然在**華西街夜市**依然有很好的表現！

w21 周記 / w18 剝皮寮 / w22 陳記 /
w19 龍都冰菓室 / w20 熱海碳烤 / w15 華西街夜市

第三天：在**蜂大咖啡館**從早上就開始擁擠的店堂點一份簡單的早餐，見證又興旺再起的西區繁華。午間到**趙記**，現包現煮的菜肉大餛飩，不要吝嗇只點小份，你肯定要再來一碗的。午後不睏，嘴又饞了，**明星咖啡館**的俄羅斯軟糖和紅茶，幾十年來都受人喜愛。**三味香的包子**是時候出籠了，一如既往的美味怎能不試。晚飯集體行動到永和，到一定要預約的**上海小館**吃一桌功力非凡的大菜，完美的夜晚！

w5 蜂大咖啡館 / w9 趙記 / w3 明星咖啡館 /
w11 三味香包子 / w28 上海小館

第二天：早餐來碗**花枝焿**或**清湯蚵仔麵線**，體會萬華區老一輩早餐喜愛的傳統口味。午餐時間**添財**的台式日本料理年代已久，晚餐專程到**新莊翰品酒店**一嚐大有來頭的眷家菜。假如不吃晚餐，可留肚到晚上十點才營業的**阿財虱目魚肚**開懷大啖！

w24 萬華火車站 / w23 西園橋下蚵仔湯 / w1 添財 /
w27 翰品酒店 / w7 阿財虱目魚肚

第四天：睡晚了，和出租車司機說去桃源街，司機就問是不是去**老王記**，它的牛肉麵香飄千里，怎麼也要留肚吃個碗朝天。汗流浹背痛快淋漓後，路過**雪王**停下腳步，先讚嘆店主巧心思開發的七十三種口味的冰淇淋，再慢慢天人交戰到底點哪種口味。其實西門町那頭的**永富**裡那幾味不加牛奶的冰淇淋也能瞬間讓你小清新。晚餐約好了到大直的 **D & C Bistro** 直捧牛排教父 Danny 鄧師傅的場，見證一個立足本土有國際視野的品牌誕生。

w10 老王記 / w2 雪王 / w8 永富冰淇淋 /
w26 D & C Bistro

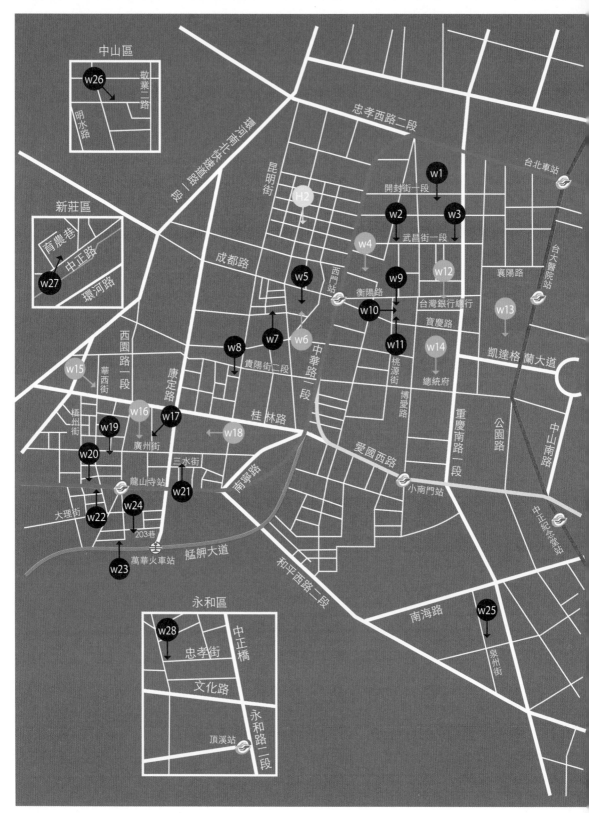

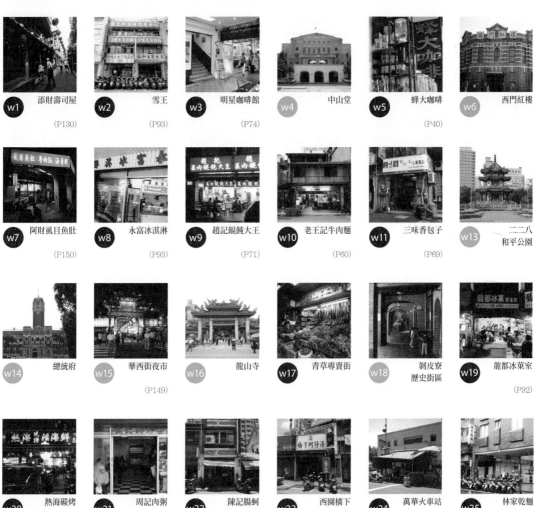

w1　添財壽司屋　(P130)

w2　雪王　(P93)

w3　明星咖啡館　(P74)

w4　中山堂

w5　蜂大咖啡　(P40)

w6　西門紅樓

w7　阿財虱目魚肚　(P150)

w8　永富冰淇淋　(P93)

w9　趙記餛飩大王　(P71)

w10　老王記牛肉麵　(P60)

w11　三味香包子　(P69)

w13　二二八和平公園

w14　總統府

w15　華西街夜市　(P149)

w16　龍山寺

w17　青草專賣街

w18　剝皮寮歷史街區

w19　龍都冰菓室　(P92)

w20　熱海碳烤海產屋　(P115)

w21　周記肉粥　(P39)

w22　陳記腸蚵專業麵線　(P39)

w23　西園橋下蚵仔湯　(P39)

w24　萬華火車站花枝焿　(P39)

w25　林家乾麵　(P61)

w26　D&C Bistro　(P139)

w27　翰品酒店福明廳辜家菜　(P116)

w28　上海小館　(P109)

南區

第一天：**東門市場**的菜檔肉攤絕對值得在早上去走走看看，貪嘴的你可將**羅媽媽米粉**和**利隆餡餅**一次吃過夠。走到中午前已經開始熱鬧起來的永康街，午餐到**樂朋小館**，嚐一下法國味與台灣味美好碰撞出叫人激賞的創意。想喝咖啡的話可走至**卡瓦利咖啡館**，欲喝台灣好茶的就一定是**冶堂**，和店主聊天頗有收穫和樂趣。晚間在**銀翼餐廳**吃川揚老滋味，或到門口掛滿一夜干的**滿儀屋台料理**。晚餐後沒甜品怎麼可以？**Truffe One** 的手工巧克力，一定迷倒你。

s8 東門市場（羅媽媽米粉、餡餅）／s24 樂朋小館／
s13 卡瓦利咖啡館／s16 冶堂／s11 銀翼／
s3 滿儀屋台料理／s19 Truffe One

第二天：排隊就排隊吧！**康樂意**的青江菜包和豆沙包好吃到人直呼再來一打。行至不遠的**南門市場**逛逛，南園的湖州粽、協盛的燕皮餛飩、萬有全的火腿……眼花繚亂之餘感嘆眼大肚小。午間在**蘇杭小館**吃絲瓜蝦仁小籠或**四知堂**吃創意料理吃的飽飽，再逛至**布拉格**和**學校咖啡館**小坐。晚間到**貓下去**跟阿寬和同伴們貓一下，或到**天命庵**的日式老房子裡盡嚐台式串烤，還有體力有胃納的，**師大夜市**走一遭，**阿鑫大腸麵線**和**許記**的水煎包不可不吃。

s25 康樂意包子／s15 南門市場／s23 蘇杭小館／
s5 四知堂／s30 布拉格／s21 學校咖啡館／
s4 貓下去／s6 天命庵／
s29 師大夜市（阿鑫大腸麵線、許記水煎包）

第三天：想一嚐**鼎泰豐**周日限時限量的小籠湯包要起個大早，中午和下午在**小慢**一路怡然的從午餐吃到下午茶。走到永康街逛逛，**品悅糖**的法式甜點和**高記**的生煎包，看人龍就知滋味地道。這附近晚間吃吃喝喝選擇太多，**大隱酒食·小隱私廚**、**巧味餐廳**，各有各的樸實和精妙。晚飯後多走幾步到咖啡小自由裡的**在欉紅點心舖**看看每日限量出品的甜點是否全都售罄了，感嘆它的選料是多麼精到。一會又餓了？復興南路的**小李子清粥小菜**是宵夜良伴。

s10 鼎泰豐／s27 小慢／s18 品悅糖／
s14 高記生煎包／s20 大隱小隱／
s17 在欉紅點心舖／s35 小李子清粥

第四天：**阜杭**的焦糖甜餅就是人龍再長也值得加入等待。**林家乾麵**是乾淨俐落不可多得的福州麵食，也想嚐嚐。正午時分在**永康牛肉麵**吃的大汗淋漓，**蔡萬興**的江浙美味讓人回味。繼續熱個不行，**台一牛奶大王**的風行幾十年的牛奶紅豆冰，讓你瞬間降溫清醒。或走進**紫藤廬**，自己動手沏壺茶，有點與世隔絕的靜謐安寧。**大學口的胡椒餅**是好味，但忍著不能再多吃一個，因為離開市內南區到永和的**客家小館**，或者預訂在新店的**蕃茄主義**吃晚飯，道道都是好菜肯定吃精光。在永和的**冰果天堂**和**世界豆漿大王**一冷一熱的美味，吃罷讓你睡得更甜。

s1 阜杭豆漿／s34 林家乾麵／s12 永康牛肉麵／
s22 蔡萬興老店／s33 台一中奶大王／s28 紫藤廬／
s37 大學口胡椒／s38 客家小館／s40 蕃茄主義／
s39 冰果天堂／s36 世界豆漿大王

忠孝東路二段

s2 華山文化園區

s23

s1

s3

台大醫院站

中山南路

s4

紹興南街

徐州路

s6

s5

濟南路三段

仁愛路二段

中山南路

金山南路一段

新生南路一段

s7

s8

信義路三段

中正紀念堂站

杭州南路二段

s9　s10

s12

復興南路二段

s14

30巷

s11

永康街

s13

s16

s15

羅斯福路一段

愛國東路

30巷

s35

s19

金華街

南昌路二段

福州街

麗水街

s17

s34

s22

s18

s20

46巷

s21

青田街

s24

和平東路二段

古亭站

s27

s28

s25

師大路

s29

s30

新生南路二段

16巷

汀州路二段

s32

20巷

晉江街

80巷

南村落

龍泉街

45巷

台電大樓站

溫州街

s33

s36　s37　s38　s39　s40　s41

60巷

s1 阜杭豆漿 (P35)

s3 滿懺屋台料理 (P128)

s4 貓下去 (P134)

s5 四知堂 (P141)

s6 天命庵 (P127)

s7 中正紀念堂

s8 東門市場 (P44-45)

s9 巧味台菜海鮮餐廳 (P115)

s10 鼎泰豐 (P67)

s11 銀翼餐廳 (P108)

s12 永康牛肉麵 (P60)

s13 卡瓦利咖啡館 (P75)

s14 高記 (P67)

s15 南門市場 (P46)

s16 冶堂 (P80)

s17 小自由咖啡廳在檯紅點心舖 (P96)

s18 品悅堂 (P99)

s19 Truffe One (P99)

s20 大隱小隱酒食 (P118)

s21 學校 / 找到咖啡 (P76)

s22 蔡萬興老店 (P108)

s23 蘇杭 (P66)

s24 Le Pont 樂朋小館 (P135)

s25 康樂意包子 (P69)

s27 小慢 (P142)

s28 紫藤蘆 (P81)

s29 師大夜市 (P71)

s30 布拉格咖啡 (P75)

s33 臺一牛奶大王 (P92)

s34 林家乾麵 (P61)

s35 小李子清粥小菜 (P151)

s36 世界豆漿大王 (P151)

s37 大學口萬華福州胡椒餅 (P70)

s38 客家小館 (P117)

s39 冰果天堂 (P93)

s40 蕃茄主義 (P138)

北區

第一天：起個大早，吃完**民樂旗魚米粉**，逛逛永樂市場，看看迪化街的漂亮舊建築。百年老店**金春發**的咖喱牛肉炒麵是清燉和紅燒牛肉麵外的第三種選擇。午後來**蘑菇**輕鬆自在喝杯咖啡或者冰茶，重點是感受台灣本土設計的誠實與美好。接著在中山北路開蕩，不妨到**國賓飯店**的繽紛蛋糕房嚐一下這裡的五星級酒店出品。晚飯時間逛到**天廚菜館**吃老北平菜或者在**和幸**一嚐沖繩家庭式料理，都是好選擇。飯後逛到**寧夏夜市**，**豆花莊**的花生豆花、**雙連圓仔湯**的紅豆沙，還有鴨頭正二代滷肉飯跟潤餅，都有迷人本事。

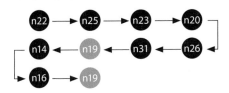

n22 永樂市場外民樂旗魚米粉 / n25 金春發 /
n23 蘑菇 / n20 國賓大飯店繽紛蛋糕房 /
n26 天廚菜館 / n31 和幸沖繩料理 / n19 寧夏夜市 /
n14 豆花莊 / n16 雙連圓仔湯 / n19 寧夏夜市

第二天：一大早，龍江路現宰現做的**虱目魚粥**和**煎魚腸**溫暖地開了胃。出發到天母**士東市場**，逛逛宛如米糧博物館的四行倉庫以及 123 海鮮水餃，家家都不簡單。午餐時候可考慮到**健康廚房**來個活力餐，也能在**野上麵包**一嚐日籍大師的手藝，又或者在**溫德**體驗德國麵包的傳統味道。下午好好的在 **Jamei Chen** 的概念店逐層看，生活的靈巧和細膩通過面前的一碗茶一件糕點自然呈現。晚餐到**金蓬萊**遵古台菜體驗酒家菜經典，別忘記**遼寧夜市**的米糕和麻油豬肝湯，是稍後逛夜市的第一選擇。

n21 3 元 6 虱目魚粥 / n35 士東市場 / n39 健康廚房 /
n37 野上麵包店 / n38 溫德德式烘焙餐館 /
n40 Jamei Chen · Maison / n36 金蓬萊 / n32 遼寧夜市

第三天：在**慈聖宮**門口攤子吃早餐，才知道什麼叫一連吃三家，家家都家傳古早味。中午無論在**上引水產**或者**明水三井**都是人氣鼎旺，務必提早入場排隊。至於 **Season Cuisine Pâtissiartism** 和 **Le Goût Boulangerie** 一定是午餐後悠長下午的創意甜品和麵包根據地。晚餐得在**史記正宗牛肉麵**、**阿美古早味**、**明福台菜**幾家之間先選一家，有限的胃口限制只好把機會留給明天。嘻嘻，**延三夜市**的肉粽和麻糬原來才是胃納終結者。

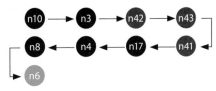

n10 慈聖宮 / n3 上引水產 / n42 明水三井 /
n43 Season Cuisine Pâtissiartism /
n41 Le Goût Boulangerie / n17 史記牛肉麵 /
n4 阿美古早味 / n8 明福餐廳 / n6 延三夜市

第四天：**雙連市場**幾百米長，走走吃吃兩小時好過癮。中午時分賣麵炎仔的切仔麵是再排隊也要吃的名物，或者結伴享用**儂來**的經典台菜，飯後就要來份**呷二嘴**的米苔目消消暑。下午在**綠島小夜曲**坐坐，喝咖啡之餘想起**福利麵包**也是台北老滋味。**人和園**的雲南菜或**雞家莊**的台菜都是嘴饞懂吃的台北人的晚餐私享。來吧來吧，再走一回最生猛鮮活的**延三夜市**，保證是飽足滿足的一夜。

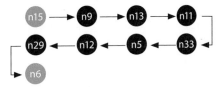

n15 雙連市場 / n9 賣麵炎仔金泉小吃店 /
n13 儂來餐廳 / n11 呷二嘴 / n33 綠島小夜曲 /
n5 福利麵包 / n12 人和園雲南菜 /
n29 雞家莊 / n6 延三夜市

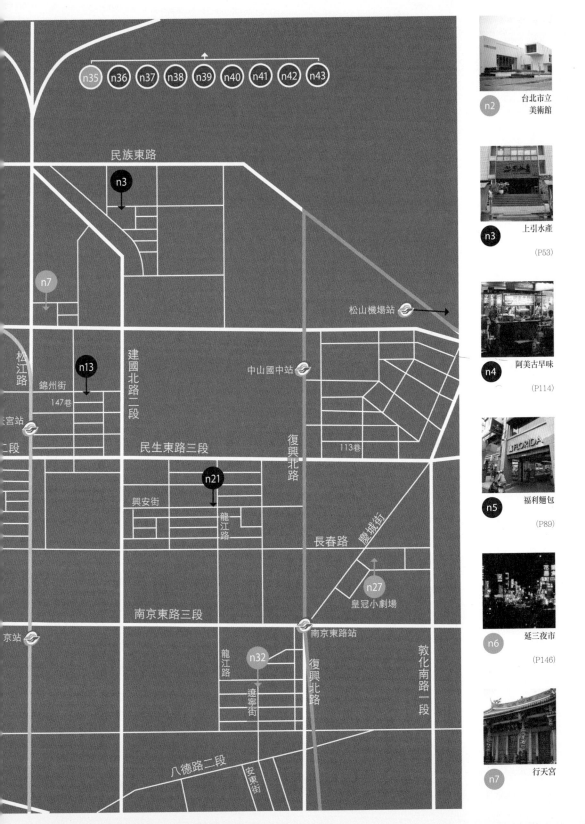

n35 n36 n37 n38 n39 n40 n41 n42 n43

民族東路

n3

n7

松山機場站

松江路

建國北路二段

錦州街

147巷

n13

中山國中站

二段

民生東路三段

復興北路

113巷

n21

興安街

龍江路

慶城街

長春路

n27

皇冠小劇場

南京東路三段

京站

南京東路站

龍江路

n32

遼寧街

復興北路

敦化南路一段

八德路二段

安東街

n2　台北市立　美術館

n3　上引水產

（P53）

n4　阿美古早味

（P114）

n5　福利麵包

（P89）

n6　延三夜市

（P146）

n7　行天宮

29

 n8　明福餐廳 (P120)

 n9　賣麵炎仔 金泉小吃店 (P61)

 n10　慈聖宮 (P36)

 n11　呷二嘴 (P92)

 n12　人和園雲南菜 (P107)

 n13　儂來餐廳 (P119)

 n14　豆花莊 (P94)

 n15　雙連市場 (P47)

 n16　雙連圓仔湯 (P94)

 n17　史記牛肉麵 (P56)

 n18　王有記茶行

 n19　寧夏夜市 (P148)

 n20　國賓大飯店 繽紛蛋糕房 (P99)

 n21　3元6虱目魚 (P150)

 n22　永樂市場 旗魚米粉 (P36)

 n23　蘑菇 (P77)

 n24　光點 台北之家

 n25　金春發牛肉店 (P59)

 n26　天廚 (P105)

 n28　台北 當代藝術館

 n29　雞家莊 (P119)

 n30　肥前屋 (P131)

 n31　和幸沖繩料理 (P129)

 n32　遼寧夜市 (P149)

 n33　綠島小夜曲 二條通 (P74)

 n34　林田木桶店 (P50)

 n35　土東市場 (P50)

 n36　金蓬萊 (P121)

 n37　野上麵包店 (P88)

 n38　溫德德式麵包 烘焙餐館 (P88)

 n39　健康廚房 (P51)

 n40　Jamei Chen · Maison (P79)

 n41　Le Goût (P86)

 n42　明水三井 (P125)

n43　Season Cuisine Pâtissiartism (P98)

n44　龍都酒樓 (P110)

第二章　台北吃不完

從早到晚、從內到外、從下而上、從輕到重、從厚轉薄、從濃至淡、從舊變新、從小到大──由始至終，台北好，吃，不完。

早餐台北

有說台北夜不眠——

不眠,實在太可惜。早起,才是王道。

早起的蟲,早起的鳥,關鍵詞是早起,是吃!

以為台北早餐只有豆漿米漿油條燒餅,再煎兩個荷包蛋加點醬油的就大錯特錯了。台北早餐之豐盛、多元、極鄉土亦極國際,口味或重或輕,烹調工序或樸拙或繁複,從素淡家常的清粥小菜,古早味的鹹粥、紅燒肉、原味蘿蔔排骨湯、滷肉飯,到米粉湯配黑白切、清湯蚵仔麵線、花枝焿、虱目魚粥,或煎或燙虱目魚腸、鮮蚵煎蛋⋯⋯當然還有準時出爐的歐式日式麵包、足料三明治、貝果,周六日早上才供應的飽滿豐盛 brunch——

反正一大清早盤碗碰響,誘人的氤氳香氣從巷弄拐角,從菜市場外圍,從大中小學校周邊攤檔和手推車,從店面亮麗的餐廳廚房裡傳出,讓大家好好享用後能量十足地上班上學活動去。早起的早已餓極了的你我等不及了,不過還是得乖乖有禮的,排隊。

和記豆漿 e33

A 大安區和平東路三段 463 巷 2 之 2
T 02-2733-5473
H 0630-1130

就是要這捧在手裡的溫度和輕重，就
是要這喝進口的燙熱醇順，咬下去的
酥、脆、軟。然後是那綿延的纏繞回
味再三的豆香、麵香、炭香，還有良
久良久之後從牙縫裡滑出來的一粒芝
麻，以舌尖調整再咬，還是噴香。

就是要這種沒有光環蓋頂的，沒有名
人加持的家庭式的勞作手工，安心又
實在的飲食生活體驗。

韓良憶
作家

炭燒鹹酥餅有蔥花在內，
甜酥餅內放砂糖，
掰開來咬下去外酥內軟，
都得趁熱快吃！

這幾年，每次回到台北的第
一天早上，總要奔到離家不
遠的「和記」，喝一碗鹹豆
漿，吃一塊炭烤厚燒餅，真
心覺得比名店更合胃口。那
紮實質樸的傳統好滋味中還
有一股街坊小店才有的人情
味，更顯現了不投機、不取
巧、不馬虎的職人精神。

長方燒餅長相隨意
不規則，咬勁十足

最愛這裡的鹹豆漿！
油條、蝦皮、榨菜、蔥花、先放碗中，
熱騰騰豆漿一大勺進去，
加一點麻油一點醬油
冬日喝的飽暖，夏天甘願揮汗。

熱騰騰豆漿，
厚燒餅夾油條，
加上窗外清晨
開始啟動的街景，
經典莫過如此。

叫人驚訝激賞的焦糖甜餅，
那怕吃得糖液沾滿一手——
配上濃稠米漿吃來最過癮

大勞所趨透明開放，
擀麵、撒蔥、
燒餅貼爐出爐一目了然

阜杭豆漿 s1

A 中正區忠孝東路一段108號華山市場2樓
H 0530-1230（周一公休）

如果你不介意清晨五點半六點在忠孝東路善導寺站正對的華山市場沿著樓梯排起的長長人龍裡碰見我——當然不是睡眼惺忪而是生龍活虎的我。那好，讓我們一起來咬一口這塗了麥芽糖水才高溫烤的內有蔥花外撒芝麻的老麵發酵厚燒餅。那濃郁而且厚稠的豆漿，還有那層次分明掰開來有糖液流溢，入口酥脆的焦糖甜餅，保証你嘖嘖連聲。即使有人還是懷念過去阜杭老店那店堂破舊完全沒有裝潢的不用排隊的老好日子老味道——

清晨即起，
長途旅行出發前
蓄得夠身心能量

廖先生
計程車司機

小師傅好手勢。

在台北坐計程車絕對有額外收穫，計程車司機除了第一時間給你上一節風起雲湧的本土政治課，一節高瞻遠矚的全球金融經濟課，一節繪形繪聲的娛樂八卦課，還有就是無保留給你傾情推介：全城最好吃的牛肉麵，最燙熱的豆漿，最香脆的油條，最Q最糯的麻糬——都這裡那裡。今早清晨司機在載我到桃園機場之前先把我送來，先吃這全台北最好的粢飯糰，吃完肯定還來得及坐第一班機回家！

不只小確幸，實在大滿足！

永和豆漿大王 e32

A 大安區復興南路二段102號
H 24小時（逢每月第二及第四個周日下午休息）

行走江湖，最愛趕晨早第一班機南來北往。無數清晨我作為頭幾名顧客（其實此店二十四小時不打烊！），為的是這踏實飽腹的粢飯糰。軟糯米飯裡裹有油條、肉鬆、榨菜，吃來口感多樣的又韌又脆又酥又香，配一碗甜豆漿最滿足——不要忘了多買一套給負責接送我到機場的計程車司機。

慈聖宮 素清粥小菜 n45

A 大同區甘州街 51 號
H 0600-1100

枉說回家真好，確實時常出門在外，到處興奮吃食，其實私下最最惦念的還是家常飯餐——料不到在這老區街邊，竟然還會這樣毫不起眼甚至不合時宜的存在著這樣一家每天只開晨早幾個小時的清粥小菜攤子，而且還是素食！兩個人坐下來，點兩碗稀飯，一碟青菜，一碟微辣的燜筍，一碟麵腸，一隻鹹蛋，菜溫飯暖，緩慢靜謐的開始，有如居家平淡生活的安好又一天。

王耿瑜
電影工作者、
策展人

耿瑜禮佛、茹素，重養生，每朝晨起運動。作為她多年老友的我，常常受教，得益不淺。甘州街這家在路旁絕不起眼的小攤就是她的熱情推介。清晨絕早開始營業，中午前賣完就收，店主一家誠心待客敬業樂業，賣的獨沽幾味素清粥小菜，盡得簡樸真味。盛上稀飯之前，還會細問客人要吃熱的還是稍涼的，也讓獨自進食的客人，可點半份半份菜——人間有情，貼心體驗。

家常如此的早飯配搭，
價格意料之外的便宜

民樂旗魚米粉湯 n22

A 大同區民樂街 3 號（永樂市場旁）
T 0933-870-901
H 0600-1230

鄰近永樂布販市場和南北貨專賣的迪化街，所以晨早時分在這街坊半露天小店與周遭叔伯兄弟一併桌坐下來，就有吃完馬上要去幹活的生猛投入感！

旗魚肉熬煮成的湯頭加入幼細彈牙的米粉煮得入味，一碗米粉連湯盛進碗中撒上韭菜或蒜苗、旗魚肉碎、油蔥碎，還有叫人驚喜的些微豬油渣！熱騰騰馬上吃喝起來。絕配的炸物必點紅燒肉、炸蚵仔、炸蝦仁……傳統說法早上吃點油葷對胃好，因此一口接一口一碗接一碗，吃罷真懂得什麼叫在地現場。

湯清味甜的旗魚米粉，
配上現點現炸的蚵仔、蝦仁、
用紅糟醃製入味的紅燒肉，
沾上店家特調醬料，讚！

座無虛席．好吃趁早！

羅媽媽米粉湯 s8

A 中正區信義路二段 81 號東門市場內
T 02-2351-3352
H 0700-1500（周一公休）

都說客家人最刻苦最勤奮，菜市中飲食攤子裡很多就由客家人經營打點，也因此承傳了客家生活型態和口味。東門市場裡的羅媽媽米粉湯強調的就是客家口味傳統，有別於台式店家用的粗條米粉，選取的是有點咬勁不易軟爛的幼細米粉，湯頭燙過各種內臟和肉類但卻不渾濁濃稠，反是鮮香清甜可口。

來一碗米粉湯，配一碟撒滿薑絲的「黑白切」大腸、生腸、脆腸、豬心、嘴邊肉、一碟油豆腐⋯⋯羅媽媽還特意端上一碟自家調製的蒜頭醬油，沾吃提味——

羅媽媽身邊的一眾廚手胝足俐落爽快的媽媽們——

水準穩定經濟實惠的庶民開胃早餐配搭。

虱目魚腸保鮮有難度，稍遲下鍋就廚壞，所以店家就一早開始宰坑賣，開店不到一個小時魚腸就賣個清光，早上八點半前一定要到。

這才是我心目中真正的蚵仔煎蛋！

林志豪
豬跳舞
小餐館老闆
兼主廚

志豪 Jason 能吃愛吃，這一點大家絕不懷疑，就從他的重量級身型都能看得出來，我好奇的就是他怎樣從「小肚皮」吃成「大肚皮」的。Jason 愛下廚開餐廳並吃得一眾口服心服，也是街知巷聞的事實。而繼續八卦他最愛吃什麼？他毫不猶豫地開出的一列名單都是台北街頭巷尾又便宜又好吃的庶民味道！麻醬麵、豬肝湯、蚵仔煎蛋、虱目魚湯、煎虱目魚腸⋯⋯

看不簡單的一片煎虱目魚腸，主廚的功力實在深厚，成色金黃油亮，入口皮脆肉嫩多汁。

蚵仔生鮮肥美，煮粥那有不好吃的可能？

3元6虱目魚粥 n21

A 中山區龍江路 186 號（興安街口）
H 0830-2000（周日公休）

晨早準時等位入座吃現宰現燙現煎售完即罄的虱目魚腸會不會有點超重口味？但當你震顛顛的夾起那一箸進口，嘩！叫作魚腸，其實是整副魚內臟，質感有滑有軟有爽有脆，滋味鮮膩回甘，不喜歡沒話說，喜歡便永成死忠！

同樣屬害登場的有超肥美鮮蚵仔粥，無勾芡噴香鮮蚵煎蛋，清甜細嫩的虱目魚湯和皮脆肉滑的香煎虱目魚肚。一眾專程到此的嘴饞熟客和計程車司機目的明確早有心儀意屬。吃不到那碟魚腸可真夠失落，肯定心神恍惚折騰整個早上。

慈聖宮 原汁排骨湯 n10

A 大同區保安街 49 巷內（慈聖宮外）
T 0928-880-015
H 0900-1700（賣完為止，不定期公休）

來到慈聖宮廟口右側這攤幾十年專賣原汁排骨湯的，只見大鍋裡湯頭清鮮的滿放大塊帶肉連骨豬肋排，白蘿蔔通透軟臉。老闆娘親自把排骨肥瘦均勻剪件堆放碗中，澆進清湯連蘿蔔滿碗送到面前。湯汁入口果然清甜醇香，肉質細嫩，不柴不黏，充分引證說明店家只要用心選料專注調烹，就能留住老顧客引發新掌聲。老闆娘還特別吩咐吃排骨要沾一點古早味台式醬油膏，嗜辣的更可添些許自家熬製的辣椒醬。湯喝完了，還可續湯一次——

最愛滿滿豬皮丁的魯肉飯，加一只滷蛋，一片脆蘿蔔，撒很多胡椒粉，自覺幸福過份！

這排骨鮮肉肥瘦均勻，碰上軟骨還可都吃光。

慈聖宮 葉家肉粥 n10

A 大同區保安街 49 巷內（慈聖宮外）
H 0900-1500（賣完為止，不定期公休）

大稻埕慈聖宮從來是吃貨天堂，神靈在上保佑這裡香火不絕，廟口前攤檔食肆人潮絡繹不絕生意興隆。我等嘴饞為食的定當常來拜拜兼祭自家五臟廟。

葉家鹹粥獨沽幾味：鹹粥、紅燒肉、炸豬肝、炸鮮蚵、炸蝦仁、炸豆腐。也就是因為專注，所以樣樣皆精采！

鹹粥裡吃得米粒完整近似泡飯，湯頭用豬大骨和蘿蔔香菇熬煮，湯中有用胛心肉過粉炸成的幼細肉羹塊，配上白蘿蔔絲、芹菜末、油蔥酥，清香撲鼻，熱呼呼入口，口口有咬勁——炸豬肝裹一層薄粉現炸，吃來爽脆汁多。紅燒肉色澤自然，炸得乾身不油不膩，伴上醃蘿蔔吃得更爽。

誠心小店都不用即棄碗筷，早就走在時代浪尖。

簡單一碗鹹粥不簡單，據說用米也用上放了一年的蓬萊舊米，厲害！

再切一磁肉厚貨嫩的
花枝作件

同場必點外皮炸得金黃
酥脆，內裡肉質肥厚的紅
燒肉，配上薑絲和沾醬。

還有店內不時傳出的老闆最愛的
古典音樂，妙極！

真材實料最是吸中最能感動人。

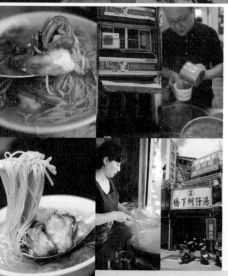

周記肉粥

A 萬華區廣州街104號
T 02-2302-5588
H 0600-1630

大抵周記肉粥第二代老闆兄弟兩人沒
有想到，本來做街坊生意已經人潮鼎
盛的五十年老店會因正對面歷史地標
剝皮寮的改造以及鈕承澤導演的《艋
舺》票房爆紅，吸引來一批又一批中
外潮人，一嚐這小小一碗煮開來白米
粒粒分明，以蝦米冰糖醬油提味，加
入高湯煮沸，內有沾了蕃薯粉的五花
肉粒的古早味肉粥。

萬華火車站旁 花枝焿 w24

A 萬華區西園路一段203巷6號（火車站側）
T 02-23326071
H 0730-1300（賣完為止）

萬華好地方，光是早餐已經好戲連
場。來到火車站旁這一攤檔，不要驚
呼狂叫，這碗花枝焿裡足足五塊又肥
又厚又超大花枝，真材實料沒有裹上
魚漿充撐，嚼來情緒高漲十分滿足。
湯頭是柴魚風味，勾芡濃稠，湯裡還
有蛋皮和蘿蔔絲加強口感。還得一提
是這裡的乾拌麵，加入特調的沙茶醬
和辣椒醬，隨時吃上癮！

西園橋下蚵仔湯 w23

A 萬華區西園路一段258-5號
T 02-2302-5974
H 0800-2000（周日公休）

陳記腸蚵專業麵線 w22

A 萬華區和平西路三段166號
（捷運龍山寺站1號出口對面）
T 02-2304-1979
H 0630-1900（賣完為止）

黃麗如
資深媒體人
旅遊作家

東南西北全球走透透，晨早
在異地醒來最想吃到的還是
老家萬華街巷中恆守了幾十
年的古早老味道。無論是一
碗蚵仔清湯，一碗花枝焿還
是一份腐皮壽司，那種簡
單直接的滿足最叫人踏實安
心。萬華在地早餐種類之豐
富多樣，提供老區街坊、服
裝批發和印刷業者每天一個
強猛的開始。

自封麵線控；乾拌的、炒的、湯的，
加有蚵仔的、大腸的，或者兩者都加
的。一路吃來，終於在晨早的萬華覓
得至愛！一是橋下蚵仔湯賣的市面鮮
有的清湯蚵仔麵線，湯頭鮮甜蚵仔肥
大飽滿，配上手工麵線，呼嚕就一
碗。二是陳記蚵仔專業麵線那一碗吃
到最後一口還吃得著蚵仔和滷大腸頭
的極品，好過份！

日光大道健康廚坊 e39

A 松山區民生東路五段 137 巷 2-5 號
T 02-2763-0863
H 0800-2100（早餐供應至 10:00）

非凡麵包店 Viva Café e38

A 松山區富錦街 486 號
T 02-2765-9577
H 0730-2100（早餐供應至 10:30）

台北街頭巷尾提供西式早餐的獨立店家以至連鎖經營都不少，要找特別有異國社區格調氛圍的，除了跑到天母去，民生東路五段一大片當年由美國建築師設計規劃的民生社區也是絕佳選擇。

富錦街周邊樹蔭下晃蕩，與晨起鍛鍊的上班上學的坊眾們安靜微笑點頭，緩緩步進以奧地利有機品牌「日光大道」產品為基礎概念的健康廚坊，來一份以當季、在地、自然農法食材配製的飽滿早餐。又或者到元氣十足的非凡咖啡，在眾多三明治豐盛組合中挑選你的最愛。

蜂大咖啡 w5

A 萬華區成都路 42 號（西門町）
T 02-2371-9577
H 0800-2200（早餐供應至 11：30）

通宵玩樂，晨早懶起的西門町，偏偏就有蜂大咖啡這家老字號，晨早八點就開門營業，為大家提供簡單不過的煎雙蛋薄火腿烘多士加牛油和果醬，配上招牌咖啡，或者茶。這當然稱不上美味精品，但對我這自小情迷港式茶餐廳的，竟然在這裡找到一絲熟悉感覺。如果你能爭取機會跟從養蜂人轉行經營咖啡店的老闆曹老先生聊天，從他的豐盛人生閱歷裡得到啟迪，就是你今天最大的收穫。

曾偉禎
作家、
影評人

從電影發行、電影節策展兼發言人主持人的緊張忙碌的多重身份退下來，偉禎依然保留一個敏銳精辟獨到的影評人身份，對光影世界內外一切依然在意上心。同時作為一個全職家庭主婦，尤其是安家在民生社區，就更是輕鬆合拍，怡然自得。你會發現她和友人在社區的小公園做義工幫忙除草，晨早起來引領我這個嘴饞的去體驗社區活潑早餐也是一大開心樂事。

日光大道活力 B 餐組合：自家烘焙麵包、手工抹醬、蔬果杯、炒蛋和有機紅茶。

點了一份以炝蛋醬玉米雞肉作餡，麵包上撒滿葵瓜籽的三文治，口感豐富滋味非凡。

邱羿瑄
資深傳媒人

「本來平日到蜂大就是為了一杯咖啡，只是有天早上過來，聽見鄰座老顧客向侍應說了一句：早餐！瞬間一整套豐盛的早餐就捧上。從此我也跟著大伙爽快的一坐下就叫一聲早餐，體會這老店早上的獨有味道和格調」——當然順道買走的還有特聘香港女師傅手工製作的港式核桃酥，那可是下午茶食美點！

風雨不改，每日準時七點五十分就回店開鋪的曹老，最樂於與客董分享的不只是咖啡專業知識。

好樣餐廳 VVG Bistro

A 大安區忠孝東路四段 181 巷 40 弄 20 號
T 02-8773-3533
H 1100-1600（周末供應早午餐，限量30套）
　 1200-2300（周一至周六）
　 1200-2000（周日）

還記得當年「好樣」剛開業不久就被台灣好友帶來「參觀學習」過，這樣盡情肆意把家居設計和飲食生活意念用心實踐的空間只能在台北的巷弄裡出現，羨煞我這個被掛上「唯利是圖」標籤卻其實生活艱難的香港人。

後來我向我的台北出版社爭取把我第一本飲食著作《半飽》的新書發表會安排在「好樣」，算是打擾了好樣廚房裡越忙碌越激發創意的一眾年輕同事。再後來「好樣」門外的園子都綠得快成樹林了，周末更開始提供 brunch，和老朋友相約在此聚舊，坐下一吃就是大半天。至於由「好樣 VVG」本店發展到高貴成熟的「好樣餐桌」，為各大時尚名店度身訂製的外燴服務，法式甜品店「好樣棒棒」，還有被國外媒體稱為全球最美的書店的「好樣本事」，當中盡見好樣負責人之一 Grace 和一眾好樣員工的奇思妙想和辛勤勞動，都叫好樣擁躉們由衷悦樂拍掌歡呼。

說回這個周六早上面前的 brunch 套餐，經常更換的眾多美味內容裡今天的組合是餐前開胃的草莓薄荷檸檬冰棒，火腿甜椒 scone 餅，松露炒蛋，自製 ricotta 乳酪配糖漬蕃茄沙拉，焗烤 guyere 乳酪和薏仁馬鈴薯拌鯷魚／菠菜，還有雪莉醬辣肉丸，甜品有蘋果酥餅，飲料有鮮榨蕃茄草莓果汁，和一大碗牛奶咖啡──周末時分，與共桌好友互寵一下，絕對好樣，最最應該。

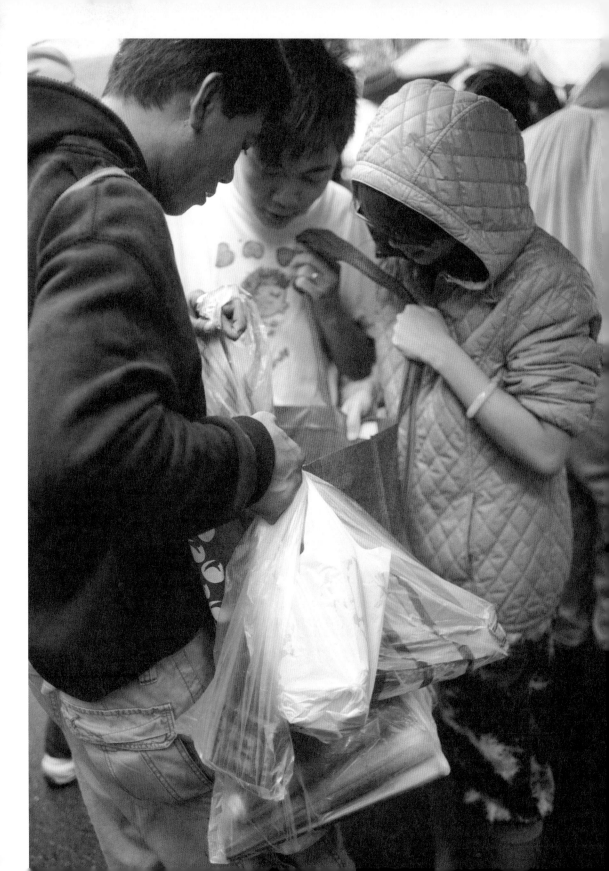

戀戀菜市場

第二章之二

始終相信，菜市場，特別是露天半露天的墟市形式的傳統菜市場，是古今中外每個城市裡人氣最鼎旺、能量最集中、色彩最豐滿、聲音最立體、時聞八卦也傳播得最快最廣的集中地。作為旅行路過的為食好事者，大可以不去官方指定這個那個旅遊觀光點，但不能不到菜市場走一轉再一轉。

台北市內不同區域地段的或大或小或舊或新的菜市場，明顯的各有性格特色，與周邊居民的飲食生活習性有著十分密切的關連。信義路金山南路交界附近的東門市場，老舊的建築裡禾稈蓋珍珠的一家一家都是曾經吸引當年居住附近的國民政府來台要員家屬的顯赫老字號，位於羅斯福路一段的南門市場亦是旗鼓相當的「外省掛」。捷運雙連站出口往北一直走到錦西街的雙連市場，是露天流動攤販與地面舖店家沿路左右吆喝叫賣熱鬧呼應之地。天母士東市場吸引的是居住周邊至遠道而來的外僑以及洋派的年輕的一眾，而引領健康環保，減碳慢活，在地飲食風尚的流動農夫市集，有機農產概念店，也是與時並進的成為台北家常飲食的新風景線。

要緊貼台北社會飲食潮流脈膊，要知道台北市民的飲食生活實況，約定你就在菜市場見，來之前千萬不要吃太撐，菜市場裡都有精采好吃的！

東門市場 s8

A 中正區信義路二段 / 金山南路一段路口

木建築店舖門面狹小，店堂裝潢簡陋，貨物堆疊擁擠，迂迴窄長走廊通道燈光幽暗，腳下地面濕滑，夏天又沒有空調冷氣，你直接問我，好好的光猛寬敞大型超市在旁邊不去，為什麼要來這看起來老舊殘破的東門市場？

是的，即使每回只是勾留台北三兩天，也一定要來東門市場趁個早市湊個熱鬧，與身邊來往的各有盤算各有故事的街坊鄰里和辛勞卻篤定的攤販微笑著打個照面。因為我知道這裡是我的眾多台北友好自小跟著長輩來買菜來辦雜貨的地方。四海牛肉莊、東門信義肉舖、五福商店、中國鮮魚號、老林蔬菜店、協峰雞鴨行，都是盛極一時的老字號，幾代人的日常買賣交往都早成默契。買菜前後順道在內市場吃上一個利隆蘿蔔絲餡餅，一碗手工豆花，或者一碗羅媽媽米粉湯——這些長年累月的市場買賣及飲食生活細節，早已沉澱成文化經驗集體回憶，形成揮散不去的強大氣場，吸引五湖四海關心傳統在地飲食文化的同道。

曾經是上世紀四五十年代來台將官夫人講究飲食用料排場，選購日常食材必到的「有錢人市場」，後因金山南路拓寬才把東門市場一分為二成為一馬路之隔的內市場和外市場。所以來到東門市場走完老字號集中的內市場，亦得走到馬路對面延伸到街巷各成獨立商舖的外市場。更多流動攤販在此每周一兩趟設攤販賣各類食材以及家居用品，早午傍晚一樣新鮮生猛，生活本該如此。

日常買賣交往建立起越見罕貴的人情味。

持家有道的眾媽媽們。

甜美生活，菜市現場直擊。

自買 自種 宜蘭 現採

豆花嫩滑，花生軟腍，
澆進一勺蔗糖水——

高晟

Bravo 913
音樂總監

人如其名，生活充滿喜樂的Joy，自小跟隨長輩在東門市場的窄長濕滑的走道中來回走動好奇張望。盡管她現在生活圈子已不在此，但有機會路過還是會鑽進來買點吃點什麼。即使知道所謂古早味道其實沒可能百分百重現，但一碗簡單樸拙如此的手工豆花在舊市場的環境氛圍裡就是有一種神奇魅力，格外美味。

南門市場 s15

A 中正區羅斯福路一段 8 號

相對於東門市場保留了上世紀中葉原來木建樓房結構的滄桑斑駁，南門市場現處的市政大樓在八二年落成，原來的南門市場裡的老字號加上新商號一一遷進，在一個寬敞俐落的空間裡繼續營生，維持並延展自民國來台後，以政要江浙口味為主，中國各省美味穿插為輔的「外省掛」氛圍。在兩岸還未開放之時，南門市場裡販售的不只是南北家鄉食材食物，其實賣的是抒解慰藉遊子鄉愁的良方妙藥。

南門市場的幾個特色南北貨熱賣商舖早成景點：進門入口處的「南園」以湖州粽、八寶飯、酒釀、酸菜白肉鍋料馳名，進門入內「協盛福州商店」的燕皮和福州魚丸最受歡迎。「萬有全」的火腿和臘腸，「正順點心店」的傳統廣式點心，上海「合興糕糰店」的湯圓，還有把幾十道各省家鄉菜每日現做現賣，一字排開陳列販售的「億長御坊」，格局厲害嘆為觀止。不方便買走熟食的我等旅客，大吞口水之際可以去「快車」買海苔肉鬆去「金龍」買黑胡椒杏仁肉紙和麻辣肉乾作伴手禮——唯一擔心的是未送予親友已經被我偷步吃光光。

來這裡走一趟上一節中國八大菜系的精通美食課

雙連市場 n15

A 大同區民生西路 45 巷

明明是普通不過的平日早上未到午飯鐘點，走在民生西路雙連捷運站出口向北往錦西街方向的雙連露天街市路旁，卻有年節逛廟會或者假日嘉年華的興奮熱鬧感覺。這裡大部份販賣生鮮食材和熟食攤販都是推車流動甚至鋪地手提，很有聚散隨時，一期一會的感覺。短短幾百米，好奇好玩的停停走走嚐嚐試試，可以花上個多小時。嘴饞為食如我，從以各種雜糧作餡的藕粉涼粉，大字「好吃不發胖不油膩」的水烚台灣豬骨仔肉，到現榨各種鮮果汁，白河店仔口粉（藕粉）特飲加上蒸得酥軟的新鮮蓮子，還有肥美香腸，入味滷味，香口油爆蝦……至於再走一個街角現場即有現宰活魚，現殺土雞，場面就已經開始進入感官重口味──城市急劇發展改造的同時能夠包容粗細共融民間萬象，這才是我們冀盼的真實美好的生活素質。

華新街市場 s41

A 新北市中和區華新街

很怕被人家稱作「觀光客」，但畢竟也的確是路過的，所以每到一地，都很容易被身邊的既陌生遙遠又似曾相識的色彩、味道、氣氛、風景事物吸引打動，隨時手舞足蹈興奮若狂。稍稍安靜下來然後發覺，這些一路上的開心有趣經驗，原來就是刺激著自己不斷前行認知探索的原動力。

通過老朋友慧仙認識了昱融，一位不斷改變工作和生活航道，與時並進為自己一再定位的朋友，要帶我逛一個菜市場，一個連台北人走進去也會驚覺仿似身處外地的菜市場。

中和南勢角華新街及其鄰近街巷，自上世紀六十年代以來已有三至五萬來自緬甸的華人移民落腳聚居。各種專賣滇緬風味食物的飲食攤檔和生活雜貨舖成行成市，夾雜經營緬甸珠寶生意的銀樓、玉佛雕刻店以及宗教弘法道場。在這街區裡，居民日常交往幾乎完全可以以滇緬語言溝通。緬甸新年的潑水節習俗也由居民自發的小規模慶典變成納入「新北市文化曆」的大規模節日活動，吸引大批本地及外來的遊客。

彭昱融
自由撰稿人

對於習慣了在學科、工作、生活中都不斷「遷移」的昱融來說，搬到緬甸華僑聚集的中和南勢角華新街市場附近的眷村改建社區居住，看來是一件理所當然的事，是身體力行百分百投入的「田野調查」。每天在市場中接觸購買的「異國」食材，餐廳裡進食的泰國以及印度食物，改變了昱融的味蕾和胃口，加深了他對社會中不同背景族群的了解認識，擴濶了他的人文關懷觀點視野。

店家手法熟練，
現烤現吃的印度咖喱雞烤餅，
與燙熱印度奶茶絕配。

酸辣開胃的一盤
涼拌麵，混進不
下十多種香料香
草和秘製調醬。

湯鮮味濃的魚湯麵，
熱騰騰一碗真和味

一個大雨滂沱的周日早上，已經「移民」此地的昱融帶我從他平日吃早餐的「日發」印度風味烤餅煎餅店開吃，吃過了咖喱烤餅喝過了香濃奶茶，持傘走進半露天的熱鬧菜市。市場裡除了販賣一般台灣本土食材食物，滇緬文化飲食習慣中常用的香料香草如檸檬葉、香茅、芭蕉花、南薑黃薑隨處可見。炒好的魚鬆蝦鬆和各種滇緬醃菜調醬大盤大盤擺賣，濕潤的空氣裡飄蕩著他鄉異國的氣味，但也色彩分明的提醒我們這些早期的異國僑民和他們的子孫後代，已經是融入台灣社會作為當中一份子。

繼續見識到的是「異鄉小吃」的配著生的紅洋蔥一起吃的炸豌豆糕，再來是「新月亮」緬甸料理的一大盤酸辣開胃的雜錦涼拌麵，還有特別繞到市場後面吃的兩碗「龔媽媽」魚湯麵和椰子麵，用上吳郭魚、芭蕉芯、紅洋蔥、香茅等等材料來熬出濃湯，配上爽滑麵條米線，的確就是當年在緬甸旅行時吃到的原汁原味。

能夠包容接納並維護不同族群的生活和飲食習慣，讓大家在這個「菜市場」中各有選擇各取所需，是一個成熟社會該有的泱泱風範。

士東市場 n35

A 士林區士東路 100 號

位處天母的士東市場是台北菜市場業界中的乖寶寶模範生。落成於九十年代初期的兩層建築雖然長相平凡，但走進去便覺採光明亮，走道寬闊，環境整潔衛生，完全推翻公眾認為菜市場必然髒亂的負面印象。與其說這裡的管理經營者刻意照顧聚居附近來往購物的外籍人士，倒不如說他們對市民大眾日常飲食健康的維護和生活質素的提昇都格外重視，嚴格自律，專注本位，致令整個士東市場的不同店家都有極高的專業標準共識，精益求精與水準同步提高的顧客互動前行。

曾經拿下第一屆全國市場視覺風格創意獎，被經濟部商業司推薦為全國市場最佳示範攤位的老字號「四行」倉庫，店面儼如世界米糧博物館，店主更樂於與你分享二十多年來累積的各國米食知識。號稱販售全國最貴水餃的「123 海鮮水餃」即場現做添加了各種蔬果原汁的水餃皮，經常引來好奇顧客圍觀。當然還有以立食日本刺身和握壽司聞名的「阿吉師日本料理」，下回到訪務必提早輪候預留胃納。

水果店老闆向吾友慧秋推薦新上市的肉厚核細多汁超甜的玉荷包荔枝

健康廚房

A 士林區忠誠路二段70巷16號
T 02-2834-6345
H 0700-1900（周二至周六）
　0700-1500（周日）
　周一公休

如果說士東市場有氣質，那麼曾經在士東市場經營素食攤，然後毅然「出走」在旁自立門戶創辦「健康廚房」的店主謝昭順，是更有內在追求，更關注食物來源和食材生產細節，更著重人與自然關係的實踐者。

茹素多年的室內設計師老朋友慧秋的好介紹，我在十年前已經探訪過健康廚房，見識和品嚐過店內廚房製作的有芽菜生菜的清爽甜美的素春捲，買過一瓶到現在仍在店內熱賣的鳳梨酵素，還有苦茶油，手工釀造醬油，手工烘製海苔，有機米，甚至家裡睡床上鋪設的手編有機草蓆……在那個自然作物有機生活產品專門店還未普遍盛行的當年，我幾乎想把能買能搬回香港家裡的都在這家一見鍾情的健康廚房買過夠——還好店主奉行的是減法，自然而然的會讓多心顧客如我三思所需所要，有所節制，安心消費。

隔了這好一陣子，相約慧秋再訪健康廚房，店面比從前規劃得更有條理，貨源更廣更負責——每種台灣本土農產品都標上產地、生產單位和農友的名字，這是對人對自然的莫大尊重。產品中有一種「溫潤之鹽」，是把澳洲進口海鹽進爐蒸過然後日曬重覆多達九次，以去除雜質重金屬和寒氣，足見店主對生活對健康的細緻徹底關注。

健康廚房裡觸目所見伸手所觸入口所嚐的都是正能量十足的自然生活細節，故事連環緊扣越見迷人風采——

李慧秋
室內設計師

對日常生活細節極度敏感關注，慧秋絕對是健康廚房的忠實粉絲。她對店主身體力行的簡樸生活實踐極為欣賞，除了一周數次在此早午用饍，買蔬果食材以及生活用品，更以其設計專業知識義務的為店面設計多功能貨架，讓這些愛心產品能夠以最好最美的姿態，乾淨俐落的得到呈現。同心同德，本是一家！

248 農學市集 e12

A 大安區忠孝東路四段 248 巷內
H 1400-2000 周五 / 1000-1700 周六

當有機，環保，減碳，在地等等名詞和概念已經常常掛在大家嘴邊，當勞碌生活在都市你我也察覺自己與大自然的割裂而有衝動捲起衣袖當周末農夫或在陽台屋頂實踐都市耕種，我們就更該關心留意到台北東區鬧市的248 小巷裡有這麼一個農學市集。每周五、六都有一群來自全台灣的遵從自然農耕法則的農友，不用農藥和化肥，把他們在自家土地，永續生產的蔬菜水果五穀雜糧以及手工製作的果醋醬料，當面推介並發售予都市的消費者。在這個愉悅溫馨面談的交往過程裡，買賣關係轉化成一種尊重和分享——尊重自然尊重土地，尊重辛勞勤奮的務農者，讓小農生產的良心好產品與都市消費者的食物安全及健康需求可以順利接軌。

創立 248 農學市集的楊儒門及其團隊全人，把 248 市集作為常態據點，更逐步成功拓展四四南村簡單市集，規劃農學園及生態教育園，亦與太平洋建設合作成立 SOFR3SH 太平洋鮮活本舖，一起為台灣農村永續，農業發展努力，為農民求幸福。

市集是第一個據點，一系列農民市集、農學園和生態教育園區的活動也在蓬勃發展進行中

楊儒門
248 農學市集
創辦人

多年來積極參與爭取農民權益，關注台灣農業政策失衡的楊儒門，曾被媒體封為「白米炸彈客」。

如今年過三十，銳氣未減，調整腳步後以溫和有效的方式再出發。儒門抱著可愛女兒，談到農學市集的創立，原來是受香港農業再發展的啟發，高度國際化的資本主義社會竟然刺激就出一批高學歷的「新農友」，讓儒門有所反思。如何讓台灣農民更自豪自信的面對消費群，是他當下努力方向。

上引水產 n3

A 中山區民族東路 410 巷 2 弄 18 號
T 02-2508-1268
H 0800-2100（9:00 開始提供立吞壽司）

如果逛菜市場已經成為你的每回外出旅遊的其中一個指定動作，那很好。如果你想再進階，更有主題性的專逛一個專門類別的市場，而且同步可以現買現吃，那位於台北漁市場舊址，被成功打造為集海產批發、立食、露天燒烤及生活雜貨超市於一身的「上引水產」，肯定是你夢寐以求的理想目的地。

台北日本料理界的領軍人物黃奕瑞及其三井團隊作為強大資本後盾，請來我的台灣老朋友建築設計師陳瑞憲規劃打造空間整體裝潢細節，另一位生活美學達人老友鄭志仁把關視覺及統籌營運，當日聞說這個夢幻組合已經叫人十分期待。來到現場進門走過漁產批發區域的大池，進入零售冰鮮海產及食材的超市，再到人頭湧湧的立食壽司區，立食凍海鮮，隔窗觀望露天燒烤區和二樓的涮涮鍋區，還有生活雜貨和食譜精選、花店、果汁吧……意料之內之外的都應有盡有。市場本來就是生活方式和生活態度的整合體驗，我跟瑞憲及志仁正式投訴說，是你們把我徹底寵壞了！

不只牛肉麵

第二章之三

有點餓了，定定神，閉眼，腦海裡出現的是台北市面眾多食肆麵攤提供的一千幾百碗麵中的哪一碗？

是那一小碗湯鮮味濃，吃巧不吃飽的台南擔仔麵？

是那一碗素白鹹水麵拌點蝦油醬油撒把蔥花就拌出滋味的福州乾麵？

是那碗刀削麵身筋道十足，澆頭清爽醒胃的來自北方館子的醋滷拌麵？

是那一小碗集麻、辣、香、濃於一身的川蜀風味擔擔麵？

是那一碗湯濃麵滑，蔥香蝦香滿溢，熱騰騰心急啜食的淮揚系蔥開煨麵？

還是那一碗湯頭濃辣，半筋半肉軟腍入味，吃喝下去滿頭大汗直呼過癮的川味紅燒牛肉麵？

吃麵，從最簡單樸拙的一小碗到最誇張複雜的一大鍋，吃的是麵，麵條本身是拉是削還是切，手工還是機器製，上手的柔韌筋道，入口的咬勁彈勁，都要有要求有講究。喝的是湯，熬湯的用料和時間，湯料沉澱和過濾成湯的方法，湯的溫度，濃淡清濁不一。配的是麵碼，是素是葷，是細剁成絲還是俐落薄片還是粗切大塊，是炒是煎是炸是煨，更是千變萬化。要緊的還有隨麵出場的各種私家特製調醬，香油辣油，蔥花蒜苗，鹹菜泡菜……而說到麵條與湯頭與麵碼的輕重拿捏比例關係，更是經驗的積累，創意的所在，成功熱賣的關鍵。

真的餓了，你開始嘮叨問我，想吃一碗麵，有沒有需要弄得這麼嚴重這麼糾結？答案是，你我不是隨便的去吃一碗麵，要吃就要吃對吃好，在台北這個匯集大江南北各家各派麵食傳統的好地方，好麵絕對不只一碗！

史記正宗牛肉麵 n17

A 中山區民生東路二段60號
T 02-2563-3836
H 1130-1500 / 1730-2100

作為一個台港大陸新朋舊友聚首台
北見面商討初來乍到要嚐點什麼特
色美食的熱切話題，作為坊間報紙
雜誌中一篇繪影繪聲計多料足的深
入報導，甚至作為學院研究所裡一
份洋洋灑灑幾萬字論文，更實在的
是作為一盤養妻活兒創業營生的生
意，牛肉麵，台灣牛肉麵，從來都
是第一男主角。

身邊眾多見多識廣的台灣飲食達人
前輩都會跟我說，從前台灣先民是
不吃牛的，因為牛對農民來說是珍
貴的農耕勞動力，備受愛護尊重。
民國38年國民政府來台，台灣開始
出現川味紅燒牛肉麵。所謂川味，
其實在四川也無此味，應該是從四
川遷到台灣岡山的退役老兵，把家
鄉的豆瓣醬的重辣口味一併帶來，
融匯於日常食物中，也因為營生養
家，賣起自家獨創的川味紅燒牛肉
麵，更逐漸普及全省，成為牛肉麵
的主流口味。

當然，紅燒的重口味之外也有清燉
的，各家各門也各自追源溯流，細
分出有接近中國西北地區牛肉麵風
味的清真規矩做法，有廣東潮汕地
區帶點藥材的湯底或者沙茶口味
的，亦有標榜早於國民政府來台之
前就原有的台灣本土口味的，而對
於吃著各種款式各種口味牛肉麵長
大的台灣朋友來說，集各家所長，
按自己喜好，發展出自成一派的牛
肉麵也是理所當然的。

韓良憶
作家

良憶帶路，在她熟悉的台北
市內各處街區目的明確地閒
蕩。目的是吃，閒蕩是一種
心情狀態。也就像她推薦的
史記，店家的目的很明確，
就是要做自家心目中最正宗
最好的牛肉麵。不惜工本不
計較花時費事，而那種閒那
種對生活美學的在意，表現
在店家對店堂空間氛圍環
境，餐具細節的重視。

一碗牛肉麵，也是五感全方
位的美好體驗。

多年台港往返，吃過不下二三百碗牛肉麵，吃得大汗淋漓之際只懂一味說好吃好吃，實在是見識有限說不到重點。這回特別請教老友良憶，著她帶我去吃她每趟回台北都要去吃的牛肉麵，她爽快的回答：史記！

有別於坊間其他牛肉麵的湯頭以至牛肉部位和麵條的選擇，史記主推的招牌清燉牛肉麵，一碗上來只見白瓷大碗中湯頭也是白色的，這是牛骨熬足三十六小時的精華所在。醇厚香濃不在話下，如果好賣缺貨，湯頭熬不夠時間，老闆寧願暫時停售這碗客人必點的美味。肉是本地頂級黃牛肉，用的是肋排下那一塊油花分佈均勻的瘦肉。麵條上清燉切片鋪進碗中，再澆上滾熱白湯，撒上葱花，上枱奉客。還得一提的是老闆堅持只用細麵，因為只有細麵才能飽吸醇厚湯汁，吃得最滋味。

和良憶一起分吃完這碗名不虛傳的清燉，又再點一碗紅燒半筋半肉的來嚐一下史記的麻辣口味，果然濃郁香辣十分過癮。結賬時老闆史先生就在櫃台，把良憶給認出來了，談笑間說起他從攝影師本行退下來經營「黑武士」麻辣鍋以至史記正宗牛肉麵，完全是貪吃愛吃之故。就憑對美食的一腔熱情，沒有包袱誤打亂撞的鑽研出自家口味，經營出與別不同的風格，對於我們這些同樣貪吃愛吃又稍稍慵懶的，你開店我來吃，最好。

艾家清真黃牛肉麵 e3

A 大安區忠孝東路四段 223 巷 41 號
T 02-2731-8550
H 1100-1400 / 1700-1930（周日公休）

曾經跟一位在台北長大的九十後小朋友來此店吃麵，點的是一碗清燉牛肉麵和一碗紅燒牛肉泡餅。怎知他喝口清燉湯頭再夾一塊鋪在碗裡的牛肉，就皺著眉說為什麼這麼柴？

我趕忙也夾一塊牛肉細嚼——天啊！這正是難得的有別於坊間一般牛肉麵館炆煮牛肉的方法——牛肉煮好撈起在室溫中放乾，切片後待客人點麵下好放碗時再把牛肉片放入，再澆進湯頭，其實這樣的處理令牛肉別有嚼勁和滋味。寵壞了的小朋友看來該學懂更開放更包容，其實這也正是中國西北地區的本來吃法。

既是清真館子，用上的本地黃牛，自有專人宰殺和放血，並為之誦經潔淨才可用作烹調。也因為放血徹底，用牛肉清燉的湯頭才得清澈鮮甜，無腥無羶。有回跟艾老老闆的女兒聊起，他們家的清燉牛肉麵上從不放蔥花，而是用上價高幾倍的蒜苗，細細切好撒上，難怪別有一番獨特香氣。至於紅燒的湯底濃辣，吃手擀麵條之外可選泡餅，此餅其實有別於饃，是京城名點鹵煮火燒裡的火燒，也叫檳子頭，切小方泡在湯裡飽吸濃郁湯頭，剝些大蒜一併吃著，更有風味！

年輕小伙該是店家第幾代？

店堂越小越有擁擠的氛圍格調。

必嚐特製辣牛油

必點美味花干。

林東芳牛肉麵 e34

A 中山區八德路二段 274 號（中央日報旁）
T 02-2752-2556
H 1100-0400（周日公休）

明明當年我就在八德路林東芳牛肉麵附近上了大半年的班，為什麼偏偏沒有來吃過這老店的牛腱和牛筋都炆得鬆軟入味的半筋半肉麵？難道是我當年真的有潔癖，不敢走進這店堂著實有點破舊的地方？沒關係，為時未晚加碼捧場，避開從中午到晚上（真的晚到凌晨四點！！）繁忙時段，校正下午三四點，坐進來先點一碟用牛肉湯汁滷好的花干（油炸豆腐），一碗半筋半肉麵一定要加一勺特製的有著微妙中藥香氣的辣牛油。喜歡林東芳，該是喜歡這種潑辣與狂妄，秩序似無還有——然後又想，下回挑個凌晨三四點過來又會是怎樣的光景和味道？

金春發牛肉店 n25

A 大同區天水路 20 號
T 02-2558-9835
H 1100-2120（周一公休）

來到這創立自 1897 年的金春發牛肉店，從原本只是大龍峒的一個手堆車小吃攤到今天的天水路老店加上市內幾家分店，百年老字號竟然有另類選擇。

全用台灣本土黃牛肉熬燉，甚至沒有添加牛骨或者任何藥材和辛香料的牛肉湯，完全是時間和火候功夫。

甚有驚喜的是這裡的咖喱牛肉炒麵，當年特邀老師傅調配的咖喱秘方，開鍋就香氣四溢。油麵炒起來柔韌入味，牛肉片咬來肉汁鮮嫩，難怪成為招牌熱賣。

這碟咖喱牛肉炒麵吃得光光的，我已經在計劃下回要來點幾盤牛肉熱炒和綜合拼盤，配兩碗白飯，一碗牛肉湯——

有別於一般牛肉麵舖用上討好易做的牛腱肉，金春發就有能力把牛肉其他部位也用得好。

能夠在百年前台灣農業社會裡民眾還是比較抗拒吃牛肉的年代已經走在偏峰浪尖，幾代人一路辛勤勞累走來，對品質長久的堅持和菜式的研發得到今天的社會大眾認同，實在可喜。

老王記牛肉麵大王 w10

A 中正區桃源街 15 號
T 0937-860-050
H 1000-2100（週六日至 2030，每月不定期休息）

程熙
獨立設計

作為一家沒有招牌沒有店名的「名店」，大抵是經營者信心滿滿的知道從五湖四海來朝聖的中外顧客閉著眼聞著香也能走進店裡。店堂裝潢絕不是這裡的關鍵，整潔衛生就可。重點是這裡的清燉和紅燒牛肉麵幾十年來都能保持高水準。

香辣的紅燒湯頭，甘美的清燉湯頭，各配切得比其他一般店家都厚的炆得不會過份軟爛的牛肉，叫我這個重視嚼勁的傢伙吃得很爽——也許是近年個人口味習慣稍作更改，一碗吃下來總覺得有點油膩。

我們都叫他作管家。他貪玩，愛做手工鴨蛋麵，麵做好了就在微博上一傳十十傳百的，大家搶著訂購。我也親自跑到他在上海浦東的家去，買了三斤細心用保鮮膜包成一束一束冰凍好的麵，當天拿回家，馬上就下鍋，拌點鵝油乾蔥，吃得高興。

管家客氣怎樣也不肯收我買麵的錢，因此我約好他改天來台北遊玩，一定要補請他吃牛肉麵。我們來到老王記，至於吃罷有何評價？哈，你微博私信問他。

永康牛肉麵 s12

A 大安區金山南路二段 31 巷 17 號
T 02-2351-1051
H 1100-2130

我的從事各種藝術設計創作的台北老朋友們在自家領域裡都是走在浪尖前沿的闖將，義無反顧敢想敢幹。但說到吃喝，卻有半數人都變得小心保守，尤其當我要求各位帶我去吃一碗牛肉麵，眾人不約而同的都把我帶到永康街牛肉麵：名氣響，有保證，至少不會失禮。這些年來我也乖乖的跟著這位那位吃過十來二十次——而每當我排在那越來越長的人龍中，大半小時後終於入舖，抬頭看到那醒目紅紙白字寫上：「親愛的顧客，本店是重口味……」我就忍不住笑了，我們原來都是重口味啊！

而當我慢慢的從曾經重口味退下來，在還未修成小清新的曖昧期，我就只能點這裡的清燉牛肉麵了。清燉著實比紅燒要求更高，牛肉的等級、新鮮度和選取部位更講究，用牛骨長時間熬煮的湯頭精華滿溢，鮮美異常。

坦白說單就麵本身，平實無驚喜，但加上那技高一等的配菜和那本來就是這樣的平民吃喝環境氣圍，傳奇之所以傳奇，確有道理。

賣麵炎仔 切仔麵 n9

A 大同區安西街106號（永樂國小後面）
T 02-2557-7087
H 0800-1600（賣完為止）

實不相瞞抱著朝聖心態來賣麵炎仔，這據說是全台北最古老的三家切仔麵之一，中午用餐時分遠遠就見麵店門前排隊人龍，還好都是外帶買走的，店裡圓桌邊上還有幾個位置。

點的是招牌切仔麵，用的是油麵，湯頭用大骨熬成，也浸浸過雞肉和各種豬內臟，鮮香誘人。麵裡還有韭菜、豆芽以及淨沉其中的些許豬油渣，吃喝來更覺油香味濃。配什麼黑白切就交由店家推薦，上來的是一盤招牌紅糟肉：五花肉醃過紅糟裹粉油炸，外酥內嫩。再來是白斬雞，走地土雞鮮美嫩滑得沒話說。又一盤燙粉肝也是入口即化，燙花枝就得留待下回再點了。

吃食的同時不住留意身邊一眾看來都十分滿足投入的，好奇猜想顧客究竟哪些是熟客？哪些像我一樣是冒名而來？

林家乾麵 w25

A 中正區泉州街11號
T 02-2339-7387
H 0600-1330 （周一公休）

端上來麵身白淨的一小碗，拌起來蝦油香氣盡出，入口清爽和味，三兩箸就吃光，心思思想再添食──配一碗自家手製福州魚丸蛋包湯，魚丸彈牙蛋包滑嫩，湯骨用大骨、柴魚熬成，鮮甜不膩。環顧小小店堂也是乾淨俐落的通透開闊，顧客滿滿都吃得安安靜靜。幾十年老字號一代傳一代堅持做好就這幾樣簡單美食，殊不簡單！

用上福州人傳統喜愛的鹹水麵，嚴控煮麵的火候，冬天夏天因應氣候不同乾濕度，煮麵時間也不一樣，味道果然就在細節中！

銀翼餐廳 蔥開煨麵 s11

A 大安區金山南路二段18號2樓
T 02-2341-7799
H 1000-1400 / 1700-2100

坦白招實，從前只嗜蔥開拌麵，無論
是在外頭食笑不攏咀還是回家自製弄
得一屋蔥油煙氣久久不散，都是十分
愉悅滿足，再三確認這是又簡單又絕
配的民間美味。

直到來台北在銀翼終於吃到這碗不得
了的蔥開燴麵，什麼清菜煨麵嫩雞煨
麵馬上都得靠邊站了。大骨湯頭熬煮
十數小時，浸過黃酒泡開的開洋（蝦
乾）加上切好的蔥段猛火爆至焦香，
澆進湯頭熬煮出味，然後把麵條放進
湯裡煨得綿軟而不爛，一碗燙熱順滑
入口那種香濃至極，筆墨無法形容。
嘿，榮耀歸於銀翼的老師傅！

聽說林懷民老師也最愛吃銀翼這一碗蔥
開煨麵，每回雲門開演前遇習慣約朋友先
來嘗個煨麵，再到兩廳院演出！

半畝園 醋滷麵、炸醬麵 e21

A 大安區東豐街33號
T 02-2700-5326
H 1100-1400 / 1700-2030

在未進店內吃過東豐街上半畝園的
各式麵條、餡餅和綠豆稀飯之前，
在這條街上來回往返不知幾百次了。
在我終於乖乖坐下聽從店員的推介
點了一碗醋滷拌麵上來，一吃進口
之際我就跟自己說，為什麼我不早
十年八載闖進來，這裡肯定就該是
我吃麵，尤其是北方風味刀削麵的
好地方。

麵香，筋道夠，咬勁十足，醋滷中
有肉末、香菇、木耳、榨菜末，配
上香菜芽菜和小黃瓜絲，拌起來醋
香四溢，吃起來清爽醒胃，不管同
桌共食什麼了，下意識把這碗醋滷
拌麵靠自己身邊一移——我的貪婪
獨食脾性無所遁形。

度小月擔仔麵 e7

A 大安區忠孝東路四段 216 巷 8 弄 12 號
T 02-2773-1244
H 1130-2300（周一至周六）
　 1130-2130（周日）

面前這擔仔麵雖然是小小一碗「吃巧不吃飽」，那就先來聽一段故事：源起於 1895 年，靠海為生的台南漁民洪芋頭在捕魚淡季的「小月」裡都得提擔賣麵另覓生計，決定養家，怎知這一賣就賣出了名堂，家傳手勢和經典格局承傳至今已經第四代。

已熟的油麵放鋼絲小蘿中下鍋，漫熱後料落小碗，澆進兩匙豬後腿熬製的肉燥，一瓢蝦頭高湯，再加入少許黑醋、蒜泥、香菜和放上一尾鮮蝦。嘴饞如我總要再添一顆滷鴨蛋，兩粒貢丸，一小碗內盡有鮮、香、酸、鹹，惹味爽口。

在到台南尋根之前在台北的數家分店中都可感受到一進店的古早氛圍：低矮的紅磚灶台、一鍋肉燥不斷滷煮飄香，灶台上的用具都一律古樸，店員專注俐落的做好一碗又一碗麵——

先在碗邊呷一口鮮甜蝦湯，再把麵料拌勻和味慢嚐。

韓良露
作家、
南村落活動
發起人

答應了韓姐良露要在她出國度假前預錄一輯廣播節目。準時出現在 Bravo 913 的錄音室等她她卻罕有的遲到了。十分鐘後她風風火火的進來，手裡提著的大包小包吃食是什麼？她一邊張羅匙筷一邊笑著開腔：下午近晚這個時候半餓不飽的，最合適就是來這一小碗擔擔麵和分吃幾隻紅油抄手了——哪裡的？當然是美景的！

頂好名城美景川味 擔擔麵 e4

A 大安區忠孝東路四段 97 號 B1
T 02-2781-9004
H 1100-2100 周日、周一休

自認麵痴，尤其是擔擔麵痴。從不會放棄在大江南北各方各處吃擔擔麵的機會。四川友好分別帶我在成都在重慶都吃過不下十家都不一樣的「原味」，回到香港在連鎖麵店在機場候機室去到東京的中華料理名店，竟都夠膽色點一碗擔擔麵來比較。來到台北，吃過四川吳抄手，老沈記新沈記……就更清楚各家各派其實對擔擔麵都有自己的理解和演繹。倒是更確定了好的擔擔麵必須是小小一碗，兩三口就吃完，讓麻、辣、香、濃種種滋味情狀瞬間得到激發、融合、平衡、滿足。稍息，然後開始回味，開始掛念，開始掙扎——美景這碗擔擔麵，恰到好處，全合我意！

餡露乾坤

第二章之四

誰可給我介紹一位同樣嘴饞為食的心理學家，給我解釋一下為什麼我自小就對內有餡料的各種食物都有強烈的好奇和喜愛？

任何中式的蒸的煎的烤的炸的包子餃子、餛飩和雲吞、春卷、潤餅、餡餅、酥餅、烙餅，各省各方的粽子、湯丸、魚丸、粿、麻糬、飯糰、腐皮卷，以至小菜裡的各種蔬菜或豆腐塞肉鑲肉，大菜裡的八寶鴨、叫化雞，都是我常點常吃的美味。即使同一家餐廳同一種有餡的已經吃過十次百次，我還是興致勃勃的等待那咬開、掰開、挑開、敲開、切開的一刹那，每一次都是第一次，每一口都是第一口──

來往台北無數次，每次都有熱切期待就是終於又可以吃到這個包子那盤餃子，這張餅那個卷。外表討喜固然重要，但內餡內涵最真實，最得人心。

蘇杭 絲瓜蝦仁湯包 s23

A 中正區濟南路一段2-1號（台大校友會館）
T 02-2396-3186
H 1130-1400 / 1730-2100（2010最後點餐）

既有顯赫名牌老店如鼎泰豐和高記在前，各以小籠包和生煎包為招牌號召吸引鼎沸人潮，一家年資稍短但上下一心積極進取的館子，該用什麼菜式靠什麼營運管理打響名堂？來到「蘇杭」，嚐過他們的絲瓜蝦仁湯包和蔥油餅，我已經找到答案！

先是絲瓜蝦仁湯包登場，氤氳熱氣中舉筷，提起這皮薄透光的麵皮，晃蕩中隱約看得見湯包內餡翠綠的絲瓜和紅白肉蝦仁。先不蘸醋，咬一小口輕啜鮮甜湯汁，再嚐絲瓜的清脆蝦肉的滑嫩，如此配搭出十足真味，實在是心機時間和手工的精準結合。溫柔過後是火猛時刻：煎得兩面金黃的蔥油餅，咬下去外皮酥香響脆，層次軟韌分明，緊接的滿口蔥香，一吃便知是來自宜蘭的上價貨。當然我知道以圍饡經驗起家的蘇杭，店裡還有其他都值得品嚐的厲害大菜，但專程來吃絲瓜蝦仁湯包和蔥油餅的一眾也肯定直呼過癮！

嚴選水分含量較少的澎湖角瓜，削皮後用靠皮的部份切丁，室溫晾放收水，再配上鮮蝦仁提味兼加口感——單單製餡就費時花工大半鐘半上。

又折又捲又搓又壓，廚房裡目睹一塊蔥油餅誕生，殊不簡單。

留一點胃納一嚐同樣精彩的豆沙鍋餅。

蘇杭的黃延齡副總，既謙虛又自信的暢談經營管理和團隊培訓建設之道。

不得不試還有吃來蔥香芝麻香滿口的重酥蟹殼黃。

了解到高記的師傅們處理麵皮堅持以老麵自然發酵，麵皮因此有獨特的口感與香氣。

麥人杰
漫畫、
動畫藝術家

麥叔叔從前很瘦，一年三百六十五日都外食，而且吃來吃去都是同一兩家餐廳那三兩樣，充分反映漫人對創作的專注投入，刻苦和命賤。但麥叔叔現在心廣體胖了，既有婚後幸福的住家飯，也有周日早上必吃的鼎泰豐限量特供小籠湯包。一定要在早上九時前到啊！麥叔叔說。晚了就要排隊又擔心售沽！

設計藝廊主人兼策展人吾友德昌把鼎泰豐當作食堂，一周三數次都在此用餐，有自己的十來八套點菜組合，素蒸餃配油豆腐細粉是其中首選。

高記 生煎包 s14

A 大安區永康街1號
T 02-2341-9984
H 1000-2230（周一至周五）
　0830-2230 （周六／周日）

探源溯流，在上海吃遍形狀大小各異，麵皮厚薄不同，從餡到皮內外味道都不一樣的生煎包，誰是本來正宗著實不曉得，只能說這個那個自己喜歡不喜歡。人在台北，當然要一試響負盛名的高記生煎包。能夠在龍爭虎鬥的永康街上佔有一席位，必有其功夫獨到之處。

高記的鐵鍋生煎包，一鍋十只，麵皮鬆軟細滑，咬開來肉餡鹹鮮，爆香小芝麻不只點綴直情勾引——包底酥脆焦香。

鼎泰豐 小籠湯包 s10

A 大安區信義路二段 194 號
T 02-2321-8928
H 平日 1000-2100 假日 0900-2100

打開電腦輸入「鼎泰豐」三個字，跳出的推介資料，食客評價甚至學術論文分析報告成千上萬則。已成台灣品牌傳奇的鼎泰豐，最為中外食客讚賞的當然是食物本身：每顆重二十克外皮十八摺的小籠包，甘美鮮腴的蟹粉小籠，甜香不膩的豆沙、芋頭小包，用上矜貴的「臺梗九號」新米的蛋炒飯，原盅清燉雞湯、牛肉麵，內有酥軟香滑肥肉的湖州粽……再寫下去，肯定整本菜譜每項都各有擁躉，而五十多年下來鼎泰豐楊家上下創業守業並開拓發揚，在企業管理，品質控制和員工培訓各個方面的成績更是驕人。

漫畫家老友麥人杰與太太最愛周日上午限量售完即止的小籠湯包，對這穩步求新，出品永遠有保證的老店有感情有信心。

秦家餅店 e19

A 大安區四維路 6 巷 12 號
T 02-2705-7255
H 1100-2000
　　1030-2000（周日公休）（只供外帶）

一而再，再而三的跑到四維路這清靜街角的秦家餅店，滿足好吃的同時長知識。

從來嗜吃蔥油餅，愛它吃來蔥香麵香，常常冒著上火的險。煎的甚至炸的，吃得一口油，不時亦嘀咕這家那家蔥花放太少——回家自己做？實在又嫌麻煩。直至在台北終於吃到秦家餅店秦老太太和女兒外孫女三代人手工製作的蔥油餅，才知道蔥油餅不用煎炸，大可以把冷水麵手擀麵皮鋪放在平底生鑄鐵板上乾烙，完全不放油，烙好後餅皮軟韌，層次細密分明，嚼勁十足。特別是放涼後，餅皮依然鬆軟不發硬。攜帶幾張出門行走，餓了找個陰涼地方坐下了撕幾片入口，喝杯熱茶，舒服體貼乾淨俐落如無印良品！

蔥油餅以外還得一試同樣乾烙的韭菜盒，兩張手擀麵皮互疊，內有嚴格挑揀的韭菜、粉絲和蝦皮、蛋絲作餡，秦老太太教導我們要把韭菜盒緊實實捲起來吃，保証入口每啖都有皮有餡。還有也稱做「菜蟒」的豆腐卷，老太太兒子秦先生解釋這北方鄉間餅食本來真的像一條大蟒，花素的內有豆腐、粉絲、蘿蔔絲、蔥花及蝦皮，蒸好切段分食。但現在方便零售，就先做成一份一份的「蟒段」，吃來麵皮軟嫩，內餡清香雋永。

想不到在這鬧市一隅也有如此鄉土手工情懷，細細啖來，時下擾攘的所謂「穿越」也不過是浮雲了。

舒國治
作家

自從出版有《台北小吃扎記》及《窮中談吃》兩書以來，老朋友舒哥國治就正式封為台灣小吃教主了。作為過去從午後到深宵都能夠得到他私家提點並親自帶路在台北覓食的「小眾」之一，私享忽然變成公有，也真的要很大方才能接受這現實。就像秦家餅舖，經舒哥一站台，就從半隱世小店一下子變得街知巷聞。還好秦家上下一向我行我素，有原則有堅持，要大批訂蔥油餅韭菜盒，還是得乖乖排隊等上十天半月。

另一招牌小吃是外皮縐摺內餡肉細成泥的灣什餛飩

康樂意包子 s25

A 中正區汀洲路二段 46 號（中正橋附近）
H 0700-1300 周一公休

一直好奇為什麼這家包子店的老闆這麼高調地低調？店堂裡張貼了好些大字告示，用中文日文告誡顧客乖乖吃喝不准攝影。店員見我們有犯規的意圖，三番四次走過來臉有難色的拜託拜託，不要拍不要拍，老闆會罵的啦！

但包子著實太好太好吃了！經驗實証即使外帶放涼了依然好！！從被舒哥國治讚譽為「白裡透綠，漂亮又不膩口」的帶肉青江菜包，到那內裡有一肉肉小拳頭似的鮮腴多汁的肉包，到那用去皮紅豆餡作的香滑豆沙包，怎忍得住不為他們她們拍照留念呢！

結果還是在偷拍了兩張之後，知情識趣打包幾只，乖乖的跑到店外繼續為包子照相。各路為食弟兄姐妹要乖要守規矩，不要讓我蒙上煽動罪被老闆列入黑名單，沒得吃，傷不起！

三味香包子 w11

A 中正區衡陽路 104 號
T 02-2388-8858
H 0800-2000 / 周日公休（包子多下午供應）

不必八卦三味香包子之前的分家風波，好奇的是為什麼這五十多年老店以什麼屬害招數吸引鄰近總統府和國防部等等軍政機關從上到下公職人員都路過光顧。被喻為三軍統帥御用包子的名聲大振後更引來全城老饕們連聲讚頌。

略帶軟韌彈性的外皮帶有些微甜味，肉包的切肉餡拌入少許肥肉，鮮香不膩。素菜包裡餡是青江菜、豆乾、蛋絲、粉絲和木耳，口感豐富食味清爽，再加一個紮實甜美的豆沙包──我完全了解這裡的軍機秘密是什麼了。

包子之外，這裡的菜肉大餛飩和蝦肉小餛飩也是長年熱賣！

東門市場 利隆餡餅 s8

A 中正區信義路二段 79 巷 15-1 號
T 02-2395-2963
H 0630-1330 周一公休

東門內市場的燈光實在昏暗，難道
這更能營造懷舊氣氛經典價值？！
但對於眼利鼻靈的為食同道來說，
摸黑前行也能找到最愛！

小得不能再小的店面，小小的油鍋
小小的砧板位，老闆一家三口站在
店裡連轉身也得好好協調。坊眾們
在人龍裡充滿期待的等著老闆在有
限空間裡專注用心的煎好一輪又一
輪不同口味：牛肉餡餅、韭菜餡餅、
蘿蔔絲餅、蔥油餅……多心的一定
又在掙扎不已了。

牛肉餡餅餅面抹了層醬油，牛肉和
高麗菜拌成的餡在肉香汁美的同時
清鮮爽口，韭菜餡餅內的韭菜和冬
粉主配比例拿捏正好。

大學口萬華福州胡椒餅 s37

A 中正區羅斯福路三段 335 巷口 /
　大安區師大路 126 號 1-1
T 02-2363-2181
H 1030-2230

當年勾留台北工作大半載，家就在
新生南路三段台大對面的巷子裡。

所以前後左右巷弄裡覓食，除了「台
一」是隔兩三天就必到吃盤冰喝碗
紅豆湯，大學口胡椒餅也是傍晚心
思思下樓去等買新鮮出爐的為食熱
點。目睹年青師傅定時刻把在工
廠做妥的生餅，徒手貼進窯中，烘
好後用鉗把胡椒餅一一撿出，旁邊
正在排隊輪候的一眾已經作好準備：
牛肉雞肉羊肉餡的，還有咖喱羊肉
和雞肉口味的，掰開來都是熱騰騰
的餡滿汁多好滋味！

能夠在早餐時分有這最
貼心最滿足的選擇，實
在感激老闆一家每朝辛
勤早起！

蘿蔔絲餅內炒過的蘿蔔
和蝦米餡飽滿汁鮮，外
皮煎得焦脆香口！

胡椒餅手工包餡成型，
表皮塗上麥芽糖撒上芝麻，
就可以貼入檜木桶中的水缸窯中，
烘烤約十多分鐘就可香噴出爐。

這個吃票路邊攤，光看
名字就是歷史本身，祖
輩在萬華發跡，手推車
沿街叫賣。

這種內有宜蘭青蔥、黑毛豬肉的福州口
味「蔥肉餅」，因其中加入當年台灣人
絕少用的胡椒和各種調味秘方，食客就
把這烘餅稱為「胡椒餅」

師大夜市　許記生煎包

A 大安區龍泉街49巷內（師大夜市）
T 02-22231861
H 1500-2300（每月不定期公休兩日）

如果你還計較食相講究儀態，那你就
不要從早到晚的在這許記生煎包的檔
口前排隊輪籌等食了。

都是焦急興奮，都在引頸以待，管他
颱風下雨，只要看到許記一眾員工在
店裡現場熟練的揉麵捏糰包餡，冒煙
大鍋裡快要煎好的包子在滋滋響叫，
然後一大把炒香的白芝麻灑下去——
就知道一會兒把熱騰騰包子咬開吞下
的那陣皮脆肉香菜爽。買來一盒兩盒
在手，本來打算走到師大路口街角小
公園坐下來好好品嚐，怎知短短一段
路還未走到一半——

趙記餛飩大王

A 中正區桃源街5號
T 02-2381-1007
H 0800-2130

短短一段桃源街，對嘴饞獨食客來
說，每回經過都是天人交戰！

吃了老王記牛肉麵就吃不下趙記大
餛飩，吃了大餛飩就吃不下三味香
的包子和鮮蝦小餛飩——所以每回
都得下定決心堅定不移的為當天鍾
愛而來，把另一個期待留給另一天。

連上海姑娘踏踏也驚嘆的說，在上
海坊間市面食肆也很難吃到這樣實
在（大！），咬開來飽含青江菜清
香濃郁氣息的菜肉餛飩。湯裡的蛋
絲紫菜絲葱花也絕不含糊，小份六
個，大份十個，吃得痛快。難怪以
餛飩為主兼賣幾樣吃食的小舖一開
就開了三十多年！

你的咖啡我的茶

咖啡館是台北人的第二個家。

走在台北的街頭巷尾小路深處，總是處處能聞到隱隱襲來的咖啡香。這香氣或是伴著點歷史發酵的醇厚，或是伴著點藝文激蕩的濃烈，或是伴著年輕人咖啡館夢想昇華的回甘，千百滋味令人遐想。

台北咖啡館的歷史，也僅僅只有八十年多吧。從元老級的蜂大咖啡到如今各家主題咖啡館，一步步伴隨著台北的幾代人長大。自家烘培磨豆的專業級或是大學旁的小文藝氣息，社區裡溫暖的家庭感還是角落深處的潮流型格，都各自佔據山頭堅持自我的個性風範。所以，為了享受午後溫熱慵懶的陽光也好，躲避淅淅瀝瀝下個不停的小雨也好，穿梭於大街小巷，你總是能找到一家屬於你自己的咖啡館，享受這魔法的香氣。

台北的茶館沒有咖啡館那樣悠長的歷史，但也自成一格。寶島的好山好水孕育了無盡的好茶，都可在這裡獲得最佳的品茗體驗，是另一種生活滋味的美好享受。而西方茶品，亦能在這裡和諧共存融合併蓄。

咖啡館和茶館也是談文論藝的小小淨土，有著名的導演在這裡編寫劇本，有傳奇的詩人在這裡設攤賣書，有小說家在這裡寫就著作，有文人雅士在這裡集會交流，有弱勢的藝術家在這裡起步，這些都是咖啡與茶藝時光的最佳註腳。

在台北泡咖啡館和茶館，也不僅是為了杯盞中的那份醇香，窗外的一道風景，眼前的一齣平凡的生活連續劇，是更讓人感動的美好。這種美好不只是飲一杯咖啡的香醇或是呷一口茶的甘甜。它就像忙碌生活的暫停鍵，為疲勞的心靈得到一次徹底釋放，再次滿格重啟。而這些小小的咖啡館和茶館，就著咖啡濃香與茶的韻香，在台北的街頭巷尾，像一朵朵小花，靜靜地萌芽，優雅的綻放。

我已因此，愛上台北。

（文：踏踏）

二條通・綠島小夜曲 n33

A 中山區中山北路一段33巷1號
T 02-2531-4594
H 1200-2130

靜靜的小巷中，一棟木造結構的老屋
隱身在一片綠樹蔭下，這就是綠島小
夜曲的所在，她細數著光陰荏苒。老
屋戰前是一位日本攝影師的宅邸，戰
後用作警政單位的宿舍，現在則改建
成咖啡館和建築事務所，變身為姐妹
淘談天說地的理想小站。延續了濃濃
日式風情外，也讓老屋煥發出新的光
芒與色彩。更有簡單而美味的輕食和
飲品，讓人一坐下就不願意離開了。

（文：踏踏）

日據時期這條小路叫二條通，
是咖啡館名字的由來。

三明治烤出片亮麗的金黃，
叫人口水直流。

明星咖啡館 w3

A 中正區武昌街一段5號2樓
T 02-2381-5589
H 1000-2200

五十多年前，明星咖啡館從上海霞飛
路華麗延續至台北武昌街，達官貴人
無不喜愛她的俄羅斯風味餐點與甜
品。用手指輕輕撥掰開如白色泡泡般
的俄羅斯軟糖，柔嫩口感甜而不膩的
美妙滋味惹人喜愛。想感受當年的風
華與舊日的時光，來此啜飲一杯熱烈
激情的俄式漂浮冰咖啡，品嘗一塊口
感綿密鹹香不膩的輕乳酪蛋糕，聽她
慢慢細述娓娓道來這歷史、人文與美
食交織的動人故事。 （文：踏踏）

老台北的故事場景中，
文人雅士與達官貴人的聚會所在。

加入自家手作果醬
的俄羅斯紅茶，濃
烈的茶香中飽含了
芬芳的果香。

詩人周夢蝶曾在一樓擺攤
賣書售詩集。

布拉格 s30

A 大安區溫州街 20 號
T 02-2369-7722
H 1400-2400 / 周二公休（最後點餐 2200）

這兒靜謐的讓人訝異。她剛從落腳二十多年的泰順街搬來至此，為了躲避師大附近的喧囂，也為了保留這一貫的寧靜情懷。木質地板三角鋼琴電影海報復古杯盤，這襲古典歐式的氛圍，這竟然讓人不經意間壓低了說話的音調，慢慢沉靜下來，享受和自己獨處的好時光。 （文：踏踏）

那片熟悉的街角，
總有一杯香醇的咖啡。

克立瑪咖啡館 e13

A 大安區光復南路 280 巷 45 號
T 02-2731-3264
H 1200-2300

一位專業級的老闆兼咖啡師給克立瑪帶來點咖啡味覺實驗室的質感，他極度鑽研咖啡的烹煮技巧，認真到需自己改裝咖啡機，使得烘豆和煮豆就似一項精密的工程，需要不停地反覆試驗試味，才能讓那顆小小的豆子精準地呈現最原本最天然的味道。這絕對是家能讓咖啡愛好者上癮的咖啡館。 （文：踏踏）

好似歐洲街頭的
小咖啡館，帶點
優雅和浪漫。

小店低調含蓄地隱身在熱鬧
喧雜的永康街橫巷之中。

卡瓦利咖啡館 s13

A 大安區永康街 2 巷 5 號
T 02-2394-7516
H 1130-2300

那噴湧竄鼻的咖啡香，是店主親自在烘焙咖啡豆。不論是曼特寧的濃香回甘、爪哇的辛辣細膩，還是夏威夷的甘醇溫順、瓜地馬拉的煙燻柔和，都是最能品嘗豆子原香的純正咖啡。即使是杯熱拿鐵，也不玩花哨的拉花，而是專注口味本身，能感受到奶泡的細膩和綿滑。 （文：踏踏）

芭蕾咖啡館 e35

A 松山區民生東路五段36巷8弄62號
T 02-2763-1981
H 1130-2200（周一至周五）
　 1000-2200（周六/周日）

靠窗的一對情侶窩在沙發中依偎著享受陽光灑下的灼熱溫暖，旁邊的四位打扮時髦的太太姐妹團正分享著各自生活中的甜美瑣事，正中間的木質大桌則聚集了幾位型男靚女，有人發呆，有人看書，也有人玩推特。這是午後的民生社區最真實的生活場景，也是芭蕾咖啡帶來的在地平凡生活中的舒適和愜意。　　　（文：踏踏）

眼鏡咖啡 e26

A 大安區四維路52巷6號
T 02-2708-4686
H 1200-2200（周三公休）

潔白乾淨的牆壁，溫暖柔和的黃色燈光，簡潔俐落的原木門窗桌椅，書架和窗邊的日文書籍雜誌和繪畫及各種小擺設透露著主人的愛好。這間小小的日系咖啡館，不經意間就將小文藝小個性的調調慢慢地抖擻出來。烤飯團、雞肉煮、冰沙焙茶牛奶或抹茶黑豆牛奶，日系的茶點是那麼相得益彰。　（文：踏踏）

學校咖啡 s21

A 大安區青田街1巷6號
T 02-2322-2725
H 0800-2200（周日至周四）
　 1100-2300（周五周六）

設計師收藏家流浪客跨界開出的咖啡館，將藝術、設計、人文、音樂揉合在同一空間裡。最有趣的應是店主收藏的各款椅子，有戲院淘來的，有候機室搬來的，也竟然有德國學校的課堂用椅，似乎在與來訪者講起某個生活小故事。一筆筆不矯揉的雅致與隨意，釋放出的自在又堅持的生活態度叫人欣賞。　　　（文：踏踏）

店家對咖啡的專注和熱情，也讓咖啡愛好者在此找到屬於自己的那份滋味。

劉美娟
大地麵包店
總經理

性格開朗的美娟偶有需要與獨處的時間，就不轉念地來眼鏡咖啡。她說這裡享有公園的綠意及溫暖的陽光，就像呆在家裡的某個角落般自在。濃濃的日式咖啡館氣質低調沉穩，又有很好的食物品質，每兩周來一次已是生活的一部分。它就像自己的深夜食堂，讓人有了依賴感。

日式的餐點和飲品，賣相口味都滿分。

安靜地看書寫作，時間也就慢慢流淌而過

蘑菇總壇早已成為
文藝範小清新們的朝聖地，
但蘑菇全人卻矢志
拋開這個光環。

不嬌情不張揚，
自然樸素的沒有
風格就是蘑菇的
風格。

蘑菇 Booday n23

A 中山區南京西路 25 巷 18-1 號 2 樓
T 02-2552-5552
H 1200-2100 /（周六周日至 2200，每月最
　後的周一公休）

說人做事有點蘑菇，就是有點來去反
覆拖拖拉拉瞎折騰的意思。但我認識
的這一群蘑菇可都是心思細密坐言起
行，勤快多產的同時又保證創意品質
和效果絕不馬虎含糊。作為生活產品
設計團隊，日常生活的種種感情反
思，都被轉化成一季又一季輕巧又講
究的生活產品。

從純棉手工 T 恤、布袋、環保筷子
套，到手工陶瓷食器、筆記本、明信
片，亦不定期出版自家的手帖式雜
誌，在自家獨幢四層的工作室裡辦起
各種漫畫、插畫、攝影展——

所以來到蘑菇，不只是喝杯咖啡吃份
中午簡餐，這裡是一個體驗生活方式
和態度的綜合體。

在這一獨幢四層的舊房子裡，地面是
展覽廳和產品零售處，二樓是健康食
品咖啡店和聚會會場，三樓和四樓就
是蘑菇的工作室，也就是說，靈魂人
物經常在，不必遙控——因為真實生
活也是需要「手腳並用」的，一到了
某種大規模，就沒有那種手工的親切
感。而聚集到蘑菇身邊的年輕員工也
真的幸福，因為在這個團隊裡一起工
作一起實踐生活信念，是一個成長的
絕好機會。慶幸我有緣認識到這群生
活實踐家——其實人人都可成家，貴
在堅持。

PEKOE 食品雜貨舖・Café

A 大安區敦化南路一段 295 巷 7 號
T 02-2700-2602
H 1100-2000

喝茶，尤其是要不拘一格的喝到既專門又廣潤的紅茶、綠茶、日本茶以至奶茶的諸多種類極品，得到 PEKOE 這裡來。

PEKOE，本就是源自專業紅茶領域裡的分級用語中最基礎的 Orange PEKOE，意味的是「講究的開始」。作為 PEKOE 的創始人，老朋友怡蘭把這家寬敞明亮的食品雜貨實體店區分成幾個空間：產品陳列的部份有來自全世界的頂級食材和引以為傲的台灣本土食材，而茶室／咖啡室也兼作講堂的部份，就是現場享用怡蘭品鑑嚴選的來自全世界重要產地，知名茶園的優質好茶的地方。

約好怡蘭一邊喝茶一道替我補上一課，談及台灣種茶產茶以及飲茶在這幾十年來的源流發展。從與中國茶藝傳統到日本茶道的承繼、交流和相互影響，及至完整成熟的發展為台灣茶的一系，再來是西方紅茶的品賞和形式在台灣的流行普及，有識有體會如怡蘭就更主動的在實踐推廣更包容開放的飲茶法：用同一套規格的茶器沖泡不同的茶種，熱喝、冷飲、泡奶都可靈活變化。茶食也以簡單講究為本，不要喧賓奪主的搶走茶本身的色、香、味表達。怡蘭強調台灣烹調和品茶之美都在務實，注重的是食材本身品質表現，當繁瑣形式都一一褪去，我們才真正的享受到茶本身的真善美所在。

特別引進日本京都六代傳承老舖一保堂的名產「麟鳳」玉露茶，讓來客能在此品嚐到日本茶無比細膩內飲的用心。

大吉嶺秋摘楓糖奶泡茶，最好配上口感柔綿密軟的伯爵戚風蛋糕。

定期舉辦的紅茶課，在網上甫一開始登記報名就秒殺額滿。

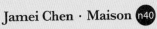
還是念念不忘當年在中山北路台北光點旁邊巷弄中的 Dialogue 咖啡館，那是設計師陳季敏一個延續她的簡約時裝風格的生活美學空間。在那個有著一片樸拙土牆和質感豐富的老木地板，充滿和風禪意的幽靜空間裡，我把我的鬧哄哄都收起來放在書包裡，在一盞茶的時空裡真正可以緩慢安靜下來。

有趟經過原址發覺人面全非，真是十分懊惱。打聽後知悉咖啡館經已遷進天母 Jamei Chen · Maison 這個家，才得釋懷舒氣。走進這幢四層的空間，一樓展示陳季敏的成衣系列，二樓販賣家居服飾，三樓是 Dialogue 咖啡館，除了提供下午茶，還有預約訂製的午餐供應。圍繞咖啡室四周的精挑細選的都是風格簡潔乾淨、手感細膩獨特的家居生活用品，身處這個如家一樣的平和空間，身心愉悅而且安靜。

一碗茶，一樣點心，一回友儕之間的貼心對話。

廖美立
行人文化
執行長

認識美立這好些年，從她參與籌備敦南圓環誠品到策劃信義誠品旗艦店到近年自立門戶和丈夫成立行人文化，以至完成《在島嶼寫作》系列的紀錄片製作，她相關的每一個項目都定義了這個時代的個人以及集體的生活風格、品味和態度。跟她聊起她熟悉的天母區，除了她常去的士東市場裡的這個那個十分有性格的菜攤肉舖，設計師陳季敏的生活概念空間 Jamei Chen · Maison，也是她十分欣賞的一個風格樸拙簡約的好地方。

來自不同文化地域，不同質地但同樣拙樸的傢俱組合混搭為一，室內室外皆有風景。

主人特別介紹讓我們一嚐的私家麵食，清爽好滋味。

冶堂 s16

A 大安區永康街 31 巷 20-2 號 1 樓
T 02-3393-8988
H 1300-2200（必須先預約）

熱鬧嘈雜的永康街，拐過一個彎到
一條橫巷，在一眾民宅中悠見一扇
古雅的木門。輕輕推開，踏入紅磚
庭院，小木椅和幾株盆栽帶來一片
綠意盎然，仿若喧鬧都市中怡靜的
傳奇。拾級而入上廳堂，被眼見之
處的書畫、茶器所吸引，而店主何
健已奉上一杯好茶招待。

在濃濃的茶香繚繞中，已和店主聊
開。他由對陶藝的喜愛衍生至對茶
的熱愛，進而開設了冶堂這一處茶
文化的空間。愛茶成癡的他，曾經
跑遍大江南北尋覓好茶，也得到第
一手的茶學。看他優雅地泡茶，喝
著杯盞中清澈的茶湯，聞著滿室芬
芳的茶香，靜息聽他娓娓道來人與
茶的感悟。

談及茶，何健將其視為心靈飲料，
也是哲學、宗教、美學、禮儀的綜
合載體。通過一杯簡單的茶，認識
朋友，歷練自我。冶堂與他，不是
職業，已是生活方式了。即使是新
客，有緣坐下喝一杯茶，聊幾句天，
哪怕不購買任何茶葉茶具的，店主
也從不會收取茶資。

冶堂不是一個普通的茶館，更不是販
售茶葉的商店，它是茶文化研究室，
亦是與人交流的平台。在這裡喝茶，
不是貪圖那口茶的滋味，而是讓心
靈得到洗滌與放鬆，由茶去觀察及
體悟自然，從容悠然的生活。

（文：踏踏）

悠然吉樓的氛圍中，
呷一口好茶，讓心安
靜片刻。

店主收藏的茶器，
單看已是賞心悅目。

汪水池中幾條靈動的錦鯉，頗有日式的庭院美感

呷一口好茶，嘗一粒梅，不經意間放空一下午

紫藤廬 s28

A 大安區新生南路三段 16 巷 1 號
T 02-2363-7375
H 1000-2300

由院內三棵老紫藤蔓生屋簷而命名的紫藤廬，是台灣第一所具有藝文沙龍色彩的人文茶館，亦是全台灣第一處市定古蹟。由日據時期的高等官舍到戰後的聯務署署長的宿舍，由八十年代初改闢為茶館直至上世紀末經歷了古蹟搶救運動而被保存下來，紫藤廬不得不說是那一段歷史的親歷者見證者，也是仍然生生不息活力盎然的活古蹟。

經由小庭院踏入茶館大廳，就能立刻感到歷史的積澱所帶來的靜謐悠遠的力量。大廳開闊明亮，陽光經由落地窗灑將下來，在木質老地板上敲下動人的紋章。

將心放低，五感放開，沏上一壺梨山烏龍茶。梨山茶區是全台海拔最高的茶區，所栽培採制的茶葉被譽為台灣高山茶的極品。店家考究地用上烏來的山泉水，水質清甜甘冽溫潤柔和，極易發揮梨山烏龍肥厚嫩實的茶性，讓人品茗到它特殊的優美香氣和馥郁滋味。

從客在此斂息靜心，沉穩清志，定能品味出茶的真諦，是所謂的「一期一會」。

（文：踏踏）

麵包新世界

第二章之六

自小吃菠蘿包、雞尾包和墨西哥包等等混搭糾纏說不清身份來歷的港式麵包長大的我，早年在台灣見識過該是脫胎自港式（有說是日系）菠蘿包的台灣版本菠蘿麵包，口感味道長相都不一樣，說實在並不喜歡，我還因此故意挑戰過身邊友人，為什麼這不索性就叫做鳳梨麵包。而同時吃到的肉鬆麵包，肉鬆張揚的跑到麵包頭頂，吃時黏滿一手散落一地，也叫人吃得不明所以然。可以膽敢說，台灣有那麼多其他好吃的，大抵不必專程來這裡吃麵包吧！

之後流離浪蕩，在外頭吃過法國的棍子和牛角，吃過意大利的拖鞋和潘里尼，吃過德國的黑麥裸麥，紐約的貝果，當然也有日系的柔軟細滑香甜得不像話的，自以為都吃得差不多了，也認為要吃原味就得飛個十萬八千里。怎知這年來在台北，竟然在平常街巷中的麵包烘焙專門店裡都吃得到質量水準技術絕對媲美原產地法式德式美風日系的各種麵包。而在這肯定

付出了絕大心血和艱辛努力才獲取的基礎上，麵包業界的新一代投資經營策劃人伙同年青的麵包製作師傅和團隊，成功的把台灣本地食材和口味風格大膽創新亦優雅含蓄的與國際烘焙水平標準碰擊結合起來，匯成台灣麵包新勢力。當中走在前列勇猛實踐中的有大地烘焙的仝人，Le Goût 的林瓊書兄，世界麵包大賽冠軍吳寶春師傅，「舞麥窯」麵包手作坊的張源銘兄，樂於分享技術心得的日籍麵包師傅野上智寬……從此來台北專程逛麵包店，試吃麵包，「收集」傳統與創新的麵包口味，認識麵包達人，成了叫我隨時興奮狂喜的理由。

麵包的製作，關係到時間和溫度的協調掌握，亦是麵粉、水、酵母、糖和鹽幾種看來簡單的食材的殊不簡單的拿捏配合。通過麵包去認識自己，進而了解微生物世界，探討跨文化知識——吃一口麵包，吃出大地自然的真味，身在台北，心繫未來。

大地烘焙坊 e22

La Terre Boulangerie

A 大安區仁愛路四段112巷23號1樓
T 02-2706-4666
H 1000-2000（月休一天）

早在闖進大地烘焙坊 La Terre 之前就聽得王宣一老師邊吃邊罵邊吃，吃這家麵包吃上癮了的她說這可能是全台北賣得最貴的麵包。對我這個從來沒有什麼銀碼概念的，為食到底該是另有價值觀吧！

上網一搜尋，大地烘焙坊網頁傳達出對石白麵粉和天然酵母的虔誠應用，對橄欖、海鹽及奶油等等食材的嚴格挑選過程中，麵包製作過程中整個團隊的的熱情專注投入，簡直是個教派——一旦你走進來親口嚐過，有感悟有啟迪就會成為忠心追隨的信眾。

比引見我認識大地烘焙負責人的新相識徐仲還要早到，被店內那一股有別於其他麵包店的沈實而不甜膩的麥香給深深吸引倒，我毫不客氣的在主管美娟的引導下，先後嚐用過上熊本蒙布雷石白粉，法國 Guernade 天然有機海鹽，天然酵母和黑綠兩種橄欖。製作的嚼勁十足且帶天然麥香的 Pain aux Olives 橄欖經典法國，亦吃過意大利 Marino 有機石白粉，意大利 Sasson 特級初榨橄欖油，法國海鹽和自家老麵酵母製作的口感Q彈好嚼的石白 Ciabatta 巧巴達，還有身邊女伴最愛的蜂蜜吐司，用上熊本皇冠高筋粉，台灣產烏白蜂蜜和有機雞蛋，讓蜂蜜在鬆軟吐司中發出低調暗香——還有還有這款那款，蘸一點橄欖油或者空口細嚼，都是體貼大地擁抱自然的第一身感受。

認識麵包，先從了解麵粉開始。

看懂氣孔，吃懂法棍。

最年輕的團隊，製作最古老的麵包。

麵包有靈魂，內斂不張揚。

徐仲

營養師、
食材研究者

徐仲的確是取得意大利慢食
大學碩士的台灣第一人，但
不要以為跟他見面吃飯要慢
慢的吃上四五個小時——因
為他太忙，根本沒有時間在
餐桌上花太多時間，但以他
的對土地的熱情，對人的關
懷，對產地對食材的研究和
認識，他風風火火的像超人
一樣去更衣去拯救地球——
幸好他在百忙中還丟下一
句：在台北要吃真正的好麵
包，找我。

Le Goût Boulangerie ⓝ41

A 內湖區瑞光路188巷58號
T 02-2658-7316
H 0800-2100 （周一至周五）
　1000-2100 （周六周日）

Le Goût Boulangerie 有個不知是否正式的中文名字叫「那個」麵包——那個那個那個叫人吃得神魂顛倒的麵包，絕對值得大家跑到內湖科學園區的辦公樓群中去朝聖。

Le Goût 的幕後推手是進口麵粉大盤商苗栗苗林行的第二代掌門，立志作麵包推廣教育工作領頭羊的林瓊書。邀得陳育一師傅坐鎮挑大樑，吳寶春師傅為技術總監（據說出國比賽前會在 Le Goût 的烘焙作坊裡練兵！），加上野上智寬師傅的協力指導，大師們加持果然有強大氣場！

走進有如精品店的高挑開闊店堂，隔著玻璃一目了然的是烘焙作坊裡麵包的製作全程，吃到了看得了學懂了，竊竊暗喜真的有點那個！

在店堂靠窗位置坐下，有機會嚐到新鮮出爐的原味棍子，奶油味香濃的口感綿實布里歐，還有連老闆自己也激賞做得好的烤上七次蜂膠的可露麗，蔓越莓乳酪，配上法國 Echire 兩種口味的牛油，配上進口手工果醬，聆聽瓊書娓娓道來台灣麵包烘焙的發展歷史和 Le Goût 的理想抱負，深深覺得這些直接從歐洲和日本麵包烘焙名師取經回來的專業知識，在本地專業團隊合力精工細作已經進入台北市民的日常飲食生活經驗當中，從口感喜好接觸逐漸演進成一種品味的昇格一種新文化認同，開一家麵包店吃一口麵包，在這裡成為一種專業素質，各種通識教育和一個超越生意的信仰。

每一下手勢，每一回拿捏，每一個步驟，好吃麵包是這樣誕生的。

隔窗觀有工房中現場製作貝果過程，
飽肚之前已經賺到知識了。

年青員工用心專注，
淡定有禮，靈活俐落！

樣樣都喜歡，
今天該吃什麼呢？

下午茶套餐中，
貝果配有鳳梨及蕃茄味的
清新抹醬。

用眷村品牌王姐姐的「福
忠字號」紅麴腐乳醬調配
的醬汁，雞腿醃漬三天
然後嫩煎，貝果配上甘甜
高麗菜絲，再來一塊有花
枝香氣手工醃製的白蘿
蔔——絕對經典！

好丘　Bagel, Café, Goods　e30

A 信義區松勤街54號（信義公民會館C館）
T 02-2758-2609
H 1100-2130（周二至周五）
　1000-1800（周六周日）

香蕉巧克力、蜂蜜紅蘿蔔、地瓜乳酪
起司、黑糖紅豆蜜蕃薯、辣椒九層塔
蕃茄、茴香鳳梨……天啊！這都是可
以在好丘Bagel貝果專賣店裡按不同
季節供應的不同口味的貝果——當年
「發明」只有麵糰原味的貝果的猶太
人朋友得知，一定心甘情願笑著說這
錢給你們這群年輕人賺定了！

來到信義公民公館四四南村這處由舊
眷村改造的空間，好丘的進駐是在創
造和提倡一種年青鮮活的在地的簡單
生活方式和形態。從台灣本土食材、
雜貨和生活用品的展示與販售，加上
有跟麵包烘焙專業團隊 Le Goût 合作
的貝果專賣店，日常飲食生活就有了
一個更清晰明確和有趣好玩的主題。
平日中午時分來到這裡，人頭湧湧未
吃未喝已經能量十足，吃了這份滿載
昔日眷村濃厚口味的紅麴腐乳醬雞腿
貝果三文治，汁多肉嫩，貝果外皮脆
硬，咬入軟韌，再喝一口甜潤的來自
苗栗南庄傳統桂花釀與新鮮金桔汁配
搭成的熱飲，簡直要手舞足蹈，大展
拳腳了！

野上麵包店 n37

A 士林區福國路5號
T 02-2832-6308
H 0900-2100

作為世界冠軍麵包吳寶春師傅的貴人和恩師，日籍麵包達人野上智寬師傅廿多年前從日本岡山隻身來台，服務於百貨集團的麵包專櫃，多年後再自立門戶自製品牌，亦是育有三名子女的台灣女婿。數年前在桃園開設的野上麵包店長期大排長龍，店門一開鎮店麵包便被迅速秒殺，在天母的新店也是客似雲來。

凡事追求極致的野上師傅在921地震的時候，抱著要救的是他養的天然酵母老麵，最初開麵包店時堅持做得最道地的法國麵包被客人嫌棄又黑又硬，不知花了多少唇舌才改變消費大眾的認知，每日把用心製作的麵包部份贈予弱勢社群回饋社會，更用心親撰出版公開店內60種麵包的獨門製作秘方，一心把麵包文化無私發揚傳播。

法棍六原味、芝士培根、黑麥、全麥、蜂蜜和黑麥越墊——

多走幾趟野上師傅在天母的店，把用五種不同麵糰分別製成的六種基本款法式長棍都得先後吃過，外表裂紋漂亮，內裡孔洞大小滿盈，還有熱賣的巧克力可頌、Canelé 可麗露、蜂蜜土司、草莓丹麥、核桃丹麥、義大利水果麵包……

溫德德式烘焙餐館 n38

A 大安區光復南路260巷28號
T 02-2711-8919
H 0800-2300（供餐至2100）

若一開口就說麵包是一種生活方式和態度，聽來好像刻意高調。但事實上現在麵包店要為自己在市場上準確定位，佔據有利位置並贏得消費者認同，大條道理的必須把經營主事者真正的所思所想所作所為最大程度的透明公開——

來台已經十六年的德國烘焙世家第三代麥可‧溫德，每天除了在自家麵包房親力親為，還站到講台上告訴大家全世界吃最多麵包的國家是德國。從有著超過一千種麵包的國度來的老鄉當然有資格教你如何保存、品嚐、搭配和選擇自己合適的麵包——特別是口感結實耐嚼的以幾十年老麵種發酵的德國裸麥和雜糧麵包，更是有足夠膳食纖維的當

下健康首選——溫德的熱賣是稱作 Demon's Fart 魔鬼的屁的 Vollkorn 麵包，百分百裸麥加葵瓜籽，吃兩片就搞定一日所需的營養素。

蕎麥、黑麥、罌粟籽、葵瓜籽、亞麻籽、芝麻、黑麥芽，全部在溫德的麵包裡出現。幾經艱辛令台灣人開始「吃硬」。

採入阿根廷首蓿草蜂蜜丁的法
國長笛麵包，外脆內軟好厲害

略帶麻糬口感的麵包外皮以
雜糧粉製，內餡是健康粉狀的
紫米，分吃半個，留肚和其他。

哈肯舖 **e28**

A 大安區信義路四段 265 巷 18 號
T 02-2755-4444
H 0730-2130

這家強調手感烘焙的麵包店會給你一
張好味地圖，告訴你新鮮、安心的由
台灣各個鄉鎮的小農生產和供應的檸
檬、龍眼乾、荔枝乾、蜂蜜、南瓜
和 3 號仔土鳳梨可以在哪個原產地找
到，亦會在店外附設的小櫃出現——
這家麵包店也是個魔法廚房，在自家
網頁上會把麵包工房裡麵包的製作工
序圖文並茂互動公開，也連接飲食達
人朋友古碧玲的從麵包出發的飲食生
活心得。

至於麵包的保存和回烤方式，麵包進口原材料故事等等生活知識更
是隨時分享。

成立短短幾年的哈肯舖，邀得 2011 年世界麵包大賽冠軍吳寶春師
傅為顧問，創新的冠軍米釀荔香麵包也在此公開發售。店舖從早到
晚絡繹不絕，從又便宜又好的宜蘭三星蔥麵包到酒釀桂圓麵包到冠
軍米釀荔香麵包，都是瘋狂顧客秒殺目標。

福利麵包 **n5**

A 中山區中山北路三段 23 之 5 號
T 02-2594-6923
H 0645-2300

對於初到貴境的朋友，在這風起雲湧
的麵包戰國時代，要認識台式麵包真
味，可真得要闖入台北人從小吃大的
經典老牌麵包店諸如福利麵包，順成
蛋糕，世運麵包，「親口」了解認識
源自日本「西洋菓子」技術，結合台
灣創意，融合漢餅製作技術，用上本土食材的口味多元的台式麵包
本尊。從據說與日本「美濃麵包」有親戚關係的菠蘿麵包，用上宜
蘭三星蔥的蔥花麵包，內餡甚至外露有紅豆的紅豆麵包，各式奶酥
麵包，以至麻糬麵包、花生麵包、肉鬆麵包、大蒜麵包等等等等。
暫且放下單一口味的潔癖，接受鮮活勇猛的多元衝擊。

早於二十年代已在上海由尹氏家族創立的福利麵包，來台後依然是
麵包業界的先行者。引進台北第一座磚窰，被當年在台的美軍顧問
團評鑑為衛生標準 A 級的麵包店，麵包亦被圓山飯店、希爾頓飯
店以及機場廚房採用，至今第三代掌門接棒，致力放下包袱，將老
品牌與國際接軌——有口福的始終是我等麵包痴。

甜美台北

大家都說女生有兩個胃，一個正常運作，處理早午晚平常飲食，一個專門用來吃甜點，甜呀甜呀甜到天荒地老海枯石爛——這樣說來也實在頗有偏差，隨時會引起也同樣嗜甜更有過之而無不及的男生，向平等機會委員會投訴。

人在台北，春夏秋冬早午晚，單單為了甜點，其實人人都該有四個胃。一個胃吃冰品喝果汁，從芒果冰、楊桃冰、紅豆冰、花生玉米冰、粉圓冰、愛玉冰，一直吃到加了粉粿的米苔目冰、咖喱和豬腳口味的冰淇淋、百香果、釋迦和脆梅口味的手作冰棒……第二個胃喝甜湯：從紅豆湯、加了雞蛋的花生湯、薑汁地瓜湯、桂圓糯米粥一直喝到加了綿軟花生的豆花、燒仙草、生磨的杏仁茶、以至甜中帶鹹，以芋頭與油葱酥作搭配的芋羹……再來有第三個胃留給傳統的漢餅，從送禮自用都合適的鳳梨酥、太陽餅、綠

豆椪、香餅、沙西餅、大餅、鹹光餅……一口一口都是承傳至今百年古早味。

最後一個胃最國際化：色彩艷麗香酥脆軟的馬卡龍、奶油軟滑外皮酥脆的泡芙、外形結實層疊濃郁巧克力的歌劇院、叫栗子控大滿足的蒙布朗，還有現場製作的千層酥、各種口味的慕斯，酒香乳香咖啡香沁人心脾的提拉米蘇……不必老遠跑巴黎近跑東京香港，台北街頭拐個彎就有國際頂級選擇！

嗜甜如我，能夠在此如斯放肆，當然不忘台灣水果的豐盛，果農的專業和辛勤，為甜品世界提供源源不絕的材料和靈感。而台灣氣候的炎熱潮濕，既造就了冰品需求也挑戰甜點製作的技術難度。世界不完美，甜點永遠在你我需要的時候發揮偉大而奇妙的作用。

萬華龍都冰果室 w19

A 萬華區廣州街168號
T 02-2308-3223
H 1130-0130

來到這屹立近百年的傳奇冰果店，即
使還未真正入夏，鼎旺的人氣讓室內
自然昇溫，讓進來的人都有強盛的吃
冰慾望！點一盤身邊台北老友指定必
吃的經典八寶冰，堆得山高的刨冰上
鋪滿紅豆、綠豆、花豆、芋頭、花生、
芋圓、湯圓、脆圓，各自該軟脆的軟
脆，綿密的綿密，Q的Q，甜的甜，
八寶盡出，我已被收服。

臨近華西街夜市的小店
掛牆歷史照片時空穿越

台一牛奶大王 s33

A 大安區新生南路三段82號
T 02-2362-3172
H 1100-2400

聲明不是台大舊生，卻一樣有台一情
結。曾在此鄰近台大亦與之齊名的冰
果店旁拐角公寓勾留大半年的我，夏
天來喝杯又香又濃稠的木瓜牛奶，吃
盤紅豆粒粒熟而不爛的紅豆牛奶冰；
冬季來捧一碗潤滑香濃紅豆花生湯圓
和溫暖入心的酒釀蛋，不計較老店很
一般的服務和裝潢，周圍顧客自攜抵
擋不住的青春無敵。

呷二嘴 n11

A 大同區甘州街34號
T 02-2557-0780
H 0900-1730

趕不上當年在慈聖宮後甘州街人道上
大樹下那沒有名字的攤子吃這碗清涼
甜滑的加了透明粉粿、紅糖水和刨冰
的米苔目冰，如今來到已遷入室的店
舖，得靠背景裝置重現當年風貌，同
行友人邊吃邊點頭確認：真材實料，
口味仍然未變。

通透滑嫩的粉粿，米白有
咬勁的米苔目，小吃工多，
製作程序嚴謹講究。

新品種可自選加入
紅豆或燒仙草。

從前只吃過放湯加料的
米苔目，鹹的。直至冒
名來到「呷二嘴」，才
知道甜的米苔目冰也是
台灣炎炎夏日裡受歡迎
的早古味吃食。

花生「冰淇淋」不是一般加奶加粉的坊間製法。原顆花生熱煮壓拌成泥加糖調配才有此綿滑口感。

當時得令芒果牛奶冰加上自家製芒果雪糕。

陳良士
Le Pont
品牌負責人

Luc 愛喝愛吃，在法國唸書的幾年吃喝出學問體悟出做人處事大道理和微細節，回來後大展拳腳傳承家族食肆生意打造全方位品牌形象。所以對與他有相同理念的同行亦十分尊重認同，第一次吃到冰果天堂的出品，就豎起大拇指盛讚用心好味道！

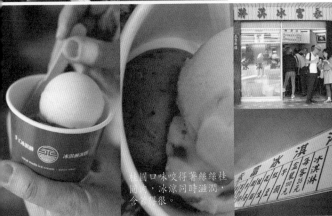

桂圓口味咬得著絲絲桂圓肉，冰涼同時滋潤，含蓄得很。

良憶念苔，今天喫的是一種米糕口味，內裡米糕成粒狀，軟韌有嚼勁。

冰果天堂 s39

A 新北市中和區中安街 78 號（捷運永安市場站）
T 02-29286918
H 1100-2200

開有客家小館的壯碩店主羅先生問我們要不要吃飯後甜品？

帶我們走了十五分鐘的路到了他開的「冰果天堂」，一家被設計師蕭青陽形容為永和最有氣質的冰果店。簡約現代的裝潢，為紀念母親而修復裝置應用的日系古早製冰機，用上最新鮮最好的當令水果為食材，感情牌一出沒話說，盡是真滋味。

永富冰淇淋 w8

A 萬華區貴陽街二段 68 號（昆明街口）
T 02-2314-0306
H 1000-2300

良憶親自帶路，還搶著付賬請我吃這家冰淇淋的桂圓和芋頭口味。位於街角毫不起眼，卻已有五十年歷史。簡簡單單的就以百香果、李梅、桂圓、芋頭、雞蛋等幾種台灣口味留住大家的心。此雞蛋不是彼雞蛋，是台灣朋友才熟悉的統一牛乳的水果口味調味乳的一種滋味，是名正言順小時候的滋味。

雪王 w2

A 中正區武昌街一段 65 號（延平南路口）
T 02-2331-8415
H 1200-2200

常常想，台北老友們真真幸福，在國際飲食大潮流行什麼分子料理之前，早就舌尖領前，在自家地盤嚐過前衛創新，老外未聞未見的厲害口味。成立於 1947 年的雪王冰淇淋，幾十年來研發出的水果類、蔬菜類、堅果類、滋補類、酒類、香辛類、美顏類、茶品類冰淇淋多達七十三種。我吃過豬腳、麻油雞和咖喱口味了，你呢？

東門小吃 甜不辣 e8

A 大安區忠孝東路四段 216 巷 32 弄 7 號 1 樓
T 02-2721-6138
H 1100-2200

小小店堂裡鄰座坊眾都在先吃甜不
辣，熱騰騰一碗上來，還加一大勺
辣椒醬。滿牆上簽名的名人巨星也許
都是衝著這蔥味的來，我卻情鍾這裡
的桂圓糯米粥。喜歡的也可添加花生
湯，一樣的溫潤暖胃，絕對是東區鬧
市中能量補給站。

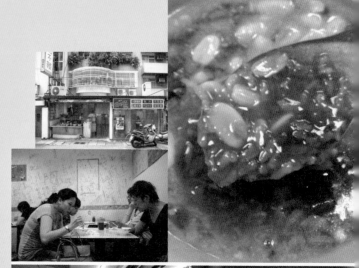

豆花莊 n14

A 大同區寧夏路 49 號
T 02-2550-6898
H 1000-0100

先不要被餐牌燈箱那一列排開十多
二十款冷熱豆花組合，衝擊得樂昏了
頭，淡定地先從招牌推薦花生豆花吃
起。甘蔗砂糖熬煮好的糖水，澆在口
感細嫩豆香溫柔的熱豆花上，再添上
一勺鬆化可口的花生，一碗便宜簡單
如此的甜湯，就支撐起這已有五十年
歷史的人氣老店。

雙連圓仔湯 n16

A 大同區民生西路 136 號
T 02-2559-7595
H 1100-2300

蓮子、紅豆、湯圓，不加思索我就
直點這個最經典的組合。果然名不
虛傳，紅豆煮得毫不含糊的依然吃
到分明顆粒，蓮子分開熱煮得鬆化，
湯圓小巧滑糯，就是要這樣多元多
樣的自由選擇。

這裡的燒麻糬也是熱賣特色，
可以來份鹹甜口味各一顆的試試。

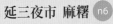

A 大同區延平北路三段 12 號前

小吃,尤其是甜的、熱燙的、黏的糯的、總是輕而易舉戰無不勝的,一登場就奪取天下人心。

你我都冀盼幸福感,渴望溫暖,嚮往一種受寵的可依賴的纏綿關係,而客家純糖麻糬的出現,而且就在尋常街頭路邊出現,簡直是一個(直接說是一團)天大的象徵符號,大剌剌宣示其實力其霸權,你來,不是吃我,是我吃定了你!

神話?神就附在那雙巧手把糯米粉糰又揪又捏又搓又揉,最終捏成中空五公分的圓球,丟入沸熱的糖水中煮得鼓脹,熟後馬上取出蘸上混有少許黑芝麻的花生粉。這個時間可得準確拿捏,麻糬上的糖水恰當黏夠花生粉又不糊成花生醬,盛碟送到我面前,入口滋味和感受已經無法多作形容和解釋了。

日復一日的不斷重覆又重覆這一連串精準無誤的動作,帶給廣大民眾感官幸福和溫飽事實。

王靖華
師大附中
教師

身邊伴是超級食客,靖華也不甘示弱,經常呼朋結伴出外覓食,非官方的肩負推介特別是老區街巷的古早味飲食生活文化。來到這熟悉的客家麻糬攤子,即使也已經吃過幾十幾百次,但每回都有像初邂逅的新鮮快感!

什麼叫 Q 彈?什麼叫軟糯?什麼叫噴香?答案就在面前。

在欉紅點心舖 s17

A 大安區金華街243巷1號
T 02-2351-7758
H 1330-2300（周一至周六）
　 1330-1800（周日）

吃過他們的清香甜沁的彰化紅心芭樂
果醬、糯米荔枝果醬；吃過他們粒粒
台灣水果精華的法式 Pate de fruits 軟
糖，也一口氣吃過他們的檸檬塔、千
層酥、栗子蒙布朗、可露麗、馬卡
龍……面對這三個精力充沛，永遠停
不下來的大男孩，我其實想問，你們
來，帶給大家如此細緻甜美，幹嗎自
己卻一直吃苦？

青春年少，有台灣最高學府的學術研
究背景，有過人的語言天份，有法國
甜點廚藝的訓練和實踐，有設計創作
專業知識有個人修養有國際視野……
卻都分別放棄優裕安穩的教職，飲食
集團的高薪邀聘，廣告公司公關公
司的高位，天熱天冷早起晚睡，奔
波勞累的全省走透透，跟栽植經驗豐
富優秀的果農們，學習關於台灣水果
的種種，探討這些在果農悉心培育下
枝頭上完美熟成的優質水果。究竟通
過何種仔細加工可以成為飽滿多樣的
產品，為農友們帶來更公平合理的經
濟效益，為消費大眾們提供更在地更
貼心的台灣原生風味——這都不是紙
上的勾勒規劃，都由他們一手一腳的
親自完成，而且還要以身作則的帶領
著有心有志參與投入的非科班出身的
年輕同路人，在實驗室一樣有條理有
格局的餅房作坊裡，在熬煮果醬的高
溫環境裡大鍋小鍋前，在小自由咖啡

每日限量製作的每一款點心：
最講究的法式甜品技術，
最台灣在地的食材原料和水果真味。

一個檸檬塔，用上台南兩種檸檬去調節平衡，對甜酸度的拿捏就是為了彰顯優秀水果本身。

堅持用當令新鮮熟成、無毒、有機的台灣我種原產水果作為果醬和軟糖原材料。絕不添加任何人工凝結劑和防腐劑，十分原教旨意的以糖為保存水果的媒介。

店內的在欉紅點心舖的專柜旁，在無數與顧客交流產品內容和用法吃法的說明分享會中，日以繼夜，專注同心拼搏。這都不是大家簡單理解的純粹為了興趣，做幾瓶果醬幾粒軟糖幾件糕點來過癮玩玩看。一旦有了理想成了抱負，就得有心理準備要吃這個苦──先苦，而後甜。

哲豪、亮慈和家忠，以及在欉紅團隊的一眾一腔熱血同時冷靜細緻的年輕人，在短短的一兩年間，讓在欉紅這個台灣本土原創品牌被看見被品嚐被讚賞。當然也得面對在這個商業社會的激烈競爭中被質疑被模仿被挑戰被超越，但從我第一次嚐到他們的這一口果醬這一粒軟糖這一件糕餅，我就知道，他們是沉得住氣的穩紮穩打，真正緊張的是正在一點一滴一分一秒的做自己真正喜歡的事，著實在意的是自己如何能夠不斷超越自己，目的明確的為了創造台灣水果的真正價值──

在欉紅，Red On Tree，年輕已是甜美，卻又有如此成熟細緻的味道。

當我和主廚洪守成 Season 在他開闊
的店堂一隅聊天，聊到得知他原來已
經搬到甜品店地下室裡廚房旁的一個
房間裡長住下來，名副其實是一個把
廚房當成家的廚師。我就開始想像
（也確定）他每當靈感一到，無論晨
昏都會彈跳起來走入廚房開始他天馬
行空又踏實在地的創作。

我們嗜甜、愛美、重色，容易被各種
靈巧細膩的烘焙調理技巧，華麗花俏
的糕點的造型結構，大膽誇張的室內
空間環境給勾引過去。甚至單單聽到
主廚曾經在某某廚藝學校修業，師從
某某國際頂級名廚，在某某米其林三
星餐廳工作過，就自動的為面前的食
物先入為主的加分。我常常提醒自
己，熱情擁抱親吻這眼前美味的同時
更得冷靜的忠於自己的味覺體會，進
而追尋了解，爭取機會向廚師發問，
認識更多表面以外的真實。

許是我想多了說多了，但能夠在這個
下午在 Season 的店裡，吃到這些累
積了十多年甜美製作經驗心得再激發
出來自成格局且不斷在改進當中的創
意精品，我真的由衷的替他和他的團
隊高興也感到十分十分幸運。我們只
是貪吃的路人甲乙丙，竟然有機會目
睹一顆光芒耀眼的星星誕生！

多少人是沖著這盆栽而來！
泥巴是巧克力餅碎，
盆裡有爆炸糖，
巧克力餅和薄荷雪糕。

滿腦子奇思妙想的
Season，新店提供的不只
是甜品，而是從甜品材料
和製作概念出發的一系列
午餐、晚餐實踐。

服務生在客人面前為你製作的現烤千層派，
酥鬆、幼滑、鮮甜同在。時間準確拿捏，
層次比例正好！

以紫色為題的季節新品，
每一口都有期待有驚喜。

招牌熱賣蒙布朗，
頂端放一顆法國進口糖漬栗子，
一口貪心吃到底層的
Financier 杏仁蛋糕，
泥有台南地的無糖栗子醬，
含糖果仁醬和無糖鮮奶油——
鬆軟綿細，討人歡心。

今天點的精品是
熱帶水果千層酥
和暱稱「黑美人」的
覆盆子巧克力蛋糕。
從材料選擇到
製作技巧都講究到位。

人氣甜品焦糖蘋果千層酥
清新討喜，酸甜拿捏得宜。

偏愛這白色的 Nino 妹妹

第一次帶我來這裡「吃苦」
的是舒哥國治。吃好的巧克
力真的不會胖，他說。

國賓大飯店繽紛蛋糕房 n20

A 中山區中山北路二段 63 號
T 02-2100-2100#2856
H 1000-2100

五星級酒店有五星級酒店的規矩，一
樣幽雅高貴的附設餅房當然也會懂得
怎樣應付如我這種麻煩顧客看中了餅
櫥中有如首飾一般的糕餅，付款買了
就想現場吃——稍安無躁可以先到位
於大堂一隅的咖啡廳坐下喝茶，侍應
會把屬於你的甜美選擇送過去——

品悅糖 La Douceur s18

A 大安區金華街 223 號 1 樓
T 02-3322-2833
H 1300-2100（每周五六與例假日至 22:00）

編造故事，尋找主題，安放某時某刻
某種情緒。我們以為自覺又其實不自
覺，說是隨性又不免刻意——所以我
沒有說這是全台北最好吃的檸檬泡芙
塔和焦糖蘋果千層酥，但就在這個下
午就在這裡，童話一般遇到了 Nino
妹妹，因此有了故事，有了主題，有
了情緒，有了滋味。

Truffe One s19

A 大安區永康街 45-1 號
T 02-2391-5012
H 1500-2100（周一公休）

來到 Truffe One，吃到的是用上
Valrhona 巧克力原料，配搭不同茶香
果香花香，手工製作的幾種獨特的
truffe，學到的是專注用情。

對我這個過份貪婪熱情，沒法專心一
意的射手座來說，吃一顆這裡的烏龍
茶 truffe 就有衝動懺悔半天——只要
做好想做的能做的該做的事，就好
了，一顆 truffe 也懂。

吃出民國範

第二章之八

說實話，很害怕懷舊，很不爽餐廳店家濫用懷舊菜這種包裝和促銷的手段方法。世界在變，從食材到烹調手藝到菜系都是活的，味覺是個人的，味道是集體的，無論是在進步或者倒退，都是在動的。所以要真正「復活」過去某某年代某某人某個菜，根本不可能也沒必要。即使真的有人把當年裝箱入罐冰封雪藏的食材出土解凍拿來作菜，那叫「死菜」。

但有一樣真正可以傳承並弘揚的叫「精神」：幾百幾千年前的做人處事生活方式態度，認識自己和思考世界的原則方法，是會以文字、器物以至環境氣場等等形式又實際又微妙的流傳後世，作為某種催化劑，激活今人的思維和動作。我們回頭探看攝取以作參考的，該是這種精神。

說到民國範，這個近年在中國內地十分流行的一個話題，其實就是一種在自覺精神貧乏、傳統斷裂、價值觀扭曲的當下情狀中，對上世紀民國初年社會上盡領風騷的一群先生女士的做人處事入世出世言行舉止方式態度的好奇關注，希望借取過來一點精神增加一點能量，打破當今困境悶局。

我等為食傢伙，在深信 you are what you eat 的大前題下，最八卦的是當年諸位吃喝的是什麼？而人在台北，在這好些當年跟隨國民政府來台，從軍政至公教機關的伙食團及飯堂改制成民營後開設的餐廳中，又或者在將帥的家廚本人和後人進入社會經營的餐飲老字號裡，的確還能吃出那種依然固守未經斷層的民國味道。民國味道，即使在始創的當年，也是一種革命的，勇敢魯莽的，開放包容兼收並蓄的味道，吃得大家元氣淋漓，痛快自由。從國民政府抵台，一直進展演化到今日，這種既重視各方各省地緣傳統又適時融匯突破創新的精神，已經成為一種基本的態度和原則。而這實在好滋味的背後，更是重情守信、有節、有禮。我在台北眾多食肆中與店家以及服務員接觸來往，都被他們的熱情誠懇、專注、淡定、開心自信而深深感動。有範，這就是民國範。

陸光小館 e1

A 松山區市民大道四段 103 號
T 02-8771-8855
H 1130-1400 / 1730-2100

眷村菜是什麼菜?

帶我來陸光吃飯的豆導鈕承澤一臉通
紅的（騎車日曬加上開始喝啤酒），
笑著在這鼎沸人聲中扯開嗓門說：就
是大江南北的家常菜。

1945 年二戰之後，國民政府從日本
台灣總督府收回台灣管轄權，已經開
始有中國大陸各省居民與官兵陸續來
台。1949 年，國軍失利於國共內戰，
超過一百五十萬全國各省的軍民和政
府人員被迫轉往台灣定居。面對人口
激增必須解決的居住問題，政府以軍
種、職業性把渡台的陸海空三軍憲兵
與其他種類官兵及眷屬（嚴格定義中
不包括公務人員、教師和警察）群聚
於改建自日治時期遺留的老區住宅或
特別撥地於軍營附近興建的房舍，此
為眷村的開始。

眷村居民來自大江南北，眷村生活文
化從一開始就強調多元和共融。在軍
餉低微，生活空間封閉狹小，公共設
施缺乏，整體建設落後的當年，眷村
居民的日常生活，子女教育和醫療等
都得由政府作部份補貼。雖然如此，
眷村居民之間高漲的愛國意識，同舟
共濟的心態，令眷村生活有了一種互
愛互助的感情連結。

反映在日常飲食生活中，各省各族各
家各戶的飯菜口味都在飄香，特別是
節慶期間，大伙一起擀麵、包餃子、
包粽子、做年糕，然後分食共享的
情況十分普遍。這也是我身邊有眷村
生活經驗，有一點年紀的老朋友，至
今還津津樂道念念不忘的。

鈕承澤
導演、演員、
單車客

祖籍北平，從小在眷村長大
的豆導，騎著自行車來赴
宴。對於這位經常在戲內戲
外出現的幕前幕後重要推
手，多年來一直替自己替觀
眾尋找、梳理、累積生活的
瑣碎和關鍵，有望將之轉化
成為某種能量，好讓大家繼
續扶持下去——

豆導把這裡不只視作又一家
又吃又喝的餐廳，這是一個
場面一種格局，不只是佈
景。

隨著上世紀八十年代眷村陸續拆除改建，眷村的實際生活經驗中止，種種人情細節沒入回憶角落。但好幾代眷村人對眷村的情感卻有增無減，除了反映在文學、影視和舞台劇的創作發表中，眷村菜作為一種重現味覺經驗的保存延續，也變得煞有介事起來。

眷村作為一個主題，眷村餐廳的名字也以眷村本來名字如「陸光」「二空」為名，也有就直呼「村子口」的。外牆一律漆成藍綠色，走進去就像當年眷村會堂和家居的佈置，正中掛著青天白日滿地紅的國旗，牆上白地藍字寫著當年的口號標語，牆柜架上掛放著國民政府各級將帥以及當年明星歌星的照片月曆，堆疊起大同電視，卡式收音錄音機，空氣中迴盪的從嚴正國歌到勵志軍歌到流行經典，連在櫃檯切滷味廚房裡掌杓的大哥也穿著軍服汗衫，吃到的從刀功嫻熟的入味滷味、各式涼菜、紅燒獅子頭、炒餅、炒雙臘，再來一盤餃子……對我這個沒有眷村生活的傢伙來說，更是一個時空穿越，趣味十足的全經驗。

酒酣耳熱，我們一桌倒沒有藉此太刻意的細數各位過往在眷村的生活細微，也不必矯情地搬出「年年難過年年過，處處無家處處家」兩句老話。其實單單瞄一下身邊店內滿滿食客的輕鬆自在，開懷吃喝，就是「我們都是這樣長大的」最好明證。

北平都一處 e18

A 信義區仁愛路四段506號（國父紀念館對面）
T 02-2729-7853
H 1100-1400 / 1700-2100

北平都一處這家開業超過半世紀的老店，多年來招呼接待過無數位高權重聲名顯赫的中外賓客，店名有一個音意皆妙的英譯叫「Do It True」。求真然後盡善至美，這不是惶恐遵從的老規矩而是一種豁達高尚情操。

有幸由都一處的老顧客倪桑指點引路，相約了不輕易下山的店東徐翰湘老爹來一起商議決定菜單，順道分享老店逸事。身壯力健聲音宏亮的徐老爹一出現，就是有那道厲害氣場，不僅對滿桌的鎮店招牌菜例如醬肉、松子燻雞、炸三角、炸丸子、糟溜魚片、合菜代帽、芝麻醬燒餅、裕裡火燒，以及堪稱全台北最貴的八百台幣一個的葱油餅等等十足自豪，嘴裡說的着手做的腦裡盤算的還有這季來季的新菜和不斷研發上市中的養生食品諸如紅棗銀耳羹、酪乾和冰柿子。老人家沒有眷戀固守往昔輝煌景狀，反是與時並進朝前看，叫我們作為嘴饞食客的也受到啟迪鼓舞。

下回要趁年菜開售的時候再來，一定要吃限時量產的紅棗發糕！

炸的乾挺咬下汁多有勁的炸丸子。

倪重華
資深音樂人、
喜聚文創
執行長

倪桑的嘴很挑。有回請教他在台北該到哪裡吃喝？他連番數落這家店哪家店的不是，真的是愛之深恨之切，叫我幾乎打消味道台北的念頭。但他還是向我推薦了都一處，這是祖籍北平的他自小與家人日常聚餐的地方。倪桑父親的最後一頓飯也是由他在這裡買到醫院陪著老先生吃完的——說不盡的恩、情、義。

層次分明，外皮焦脆、內裡軟嫩、葱開四溢的超級葱油餅！

安郁茜
建築師、
新開股份
有限公司
執行長

與安老師一起吃飯是一件很
忙的事，因為從入席坐下到
捧肚離場，坐在她身邊的我
都忙著開懷大笑，也因為開
懷，所以更能大吃，大吃的
同時，還可以長知識——就
像面前這盤滿州名菜，叫什
麼什麼哈庫它的，吃罷就得
揚鞭策馬了！

天廚菜館 n26

A 中山區南京西路 1 號 3 樓
T 02-2563-2171
H 1100-1400 / 1700-2100

來到天廚，這家身邊台灣的北方省
籍朋友一聽到就會哎呀一聲，緩三
秒，然後興奮雀躍地說起小時候跟
長輩在這裡吃過什麼什麼的北平菜
餐廳老字號，我們有點過份的偏偏
沒有點吃烤鴨。

烤鴨的滋味是怎樣的，大家都該知
道。所以今天安老師帶我來細意專
心品嚐的，是恐怕在台北、在台灣
也再沒有其他館子的師傅會做的「尼
罕寧默哈庫它」——這是參考滿漢
全席菜譜還原烹調的功夫火候菜：
燉到汁液濃稠，吃來軟嫩入味的牛
肚燉魚肚。安老師很淡定的向服務
員唸出這串咒語一般的菜名，我在
旁吃吃地笑。

當然還有小巧別緻入口外皮酥脆內
裡軟韌有勁的乾炸丸子，難得咬下
去還有鮮甜肉汁！主菜青豆雞絲也
是刀工靈巧，吃來滑溜清甜，加上
招牌菜天廚老豆腐更是費工：豆腐
與土雞長時間熬煮後除去硬邊，鋪
上火腿和鮑魚絲再以大火蒸透，直
至老豆腐飽吸土雞的油、火腿的鹹
與鮑魚的鮮——所謂老菜承傳，就
得從食材選擇、烹調步驟、火候調
控方面面穩守，原則標準立定，
再而與時俱進的擁抱挑戰迎接變化。

有了這些經營者與員工上下全人幾
十年來堅守水準穩中求變的老字號，
叫一代又一代的嘴饞為食人如你我，
有緣有幸可以味覺先行的通過五感
體驗民國範！

長白小館 e6

A 大安區光復南路 240 巷 53 號（國父紀念館 2 號出口）
T 02-2751-3525
H 1130-1400 /1700-2100 /
逢八月公休，三節休

第一次見識親嚐酸菜白肉鍋，不是在老遠的攝氏零下二三十度的東北地區，卻是在冬天也夠濕冷的東區，台北的東區巷子裡的這家也叫作長白的東北小館裡。一向慣吃老派港式「打邊爐」的我，從自家以海鮮和蔬菜為主料，清湯作底的清鮮口味，一下子面前出現了從未嚐過的酸菜白肉鍋，的確十分新鮮好奇。一盤滿滿都是酸白菜的湯底，加入已經燙過並蒸熟後冷卻切片成形的豬肉薄片，再先後自選凍豆腐、粉絲、青菜、肉片下鍋一涮就行，蘸上自行調製的混合了醬油、麻醬、紅糟、豆腐乳、蒜泥、韭菜花醬等等口味的調醬進食。那種菜酸肉鮮醬香的好滋味好感覺，足以驅走寒冬的鬱悶，而且吃酸菜白肉鍋總不能孤單獨食，得花點時間和唇舌呼朋喚友湊足滿滿一桌人，在喧嘩吵鬧聲中說短話長，吃食火鍋的要義也就在分享。

隔了這好些年再訪長白，約得真正的東北好漢劉長灝來作深度勘探。自小就跟家人在長白吃火鍋的長灝，示範了調醬技巧和涮肉手勢，除了多點兩盤牛肉、羊肉和凍豆腐，還要試試其他主食如蔥油餅、韭菜盒以及蒸餃──對了對了，要吃酸菜白肉鍋就得約上東北漢子，看來怎樣也吃不完的一大鍋一整桌最後都吃光光。

劉長灝
戲劇導師、
舞台劇演員

跟長灝應該是初次見面，但卻又像是老相識。我們該是當年在台北哪家藝文老中青集結的酒館裡一起吃喝過？又其實就是在這幾十年室外內裝潢格局都不變，口味也堅守如一的長白裡，挨著身背對成鄰桌各自吃著他從小吃大我一見鍾情的酸菜白肉鍋，因吃喝結緣，從來天經地義。

由來自漠河的退役東北省籍老兵宋子明老先生創立的長白小館，堅持用煙台品種的大白菜自家醃泡酸菜，想方設法堅守傳統家鄉味。

個性爽朗俐落的店主姚姐每天親自到市場挑貨，老員工一起剝豌豆，造就面前這不得了的一碗湯！

馳名的只能堂吃不說外帶的破酥包子，麵皮要手工一層皮一層油一層皮的處理，花工儍時，超值好味！

黃寶萍
台北書展
基金會
執行長

從資深的媒體藝文版記者，到畫廊經營策展，到台北書展的幕後推手，寶萍經常有需要在外頭飲宴應酬。但說到可以主動挑選菜肴，吃來輕鬆清爽又有獨特風味，裝潢格局雅緻又不造作的一家餐廳，寶萍毫不猶豫的決定要帶我來這五十多年老舖雲南人和園來見識。高朋滿坐觥籌交錯聲中直覺有一種沉靜細緻的本能在默默流動——來過，仔細嚐過，你會懂的。

人和園雲南菜 n12

A 中山區錦州街16號1樓
T 02-2536-4459
H 1130-1400 / 1730-2100

一切由面前這個破酥包子開始。

多年前還未到過雲南，對雲南完全零認識。就在台北街巷中一家雲南小館裡隨便吃了頓飯，十分家常的菜式，印象不是特別深，只是驚為天人的發現一款麵皮吃來口感特別彈韌、甜餡腴稠鹹餡鮮香的包子。餐牌寫著這叫破酥包子，為什麼這樣叫作也沒多追查講究，就是好吃，就記住了雲南原來有這種吃食。

許多年之後真的到過雲南，倉促到連正經吃個包子的時間也沒有就回來了。在香港也吃過雲南菜，但卻沒有供應破酥包，所以這回寶萍說要帶我吃一家她十分喜歡的雲南館子，我第一時間就問：有破酥包子吃不？

當然有當然有，但要留待壓軸，因為一頓飯下來起承轉合中都是精采百出。我也著實見識體驗到一家老店如何在幾十年來兩代人的經營過程中，既保持也把握一種輕快靈巧的身段和沉著低調的氣度。這都見諸店堂的裝潢格局，也見諸從前菜到主菜主食每個菜肴的講究用心：酸脆醒胃的涼拌結頭菜，精緻費心的豇豆釀百花，香酥不膩的煸香菇，驚為天人的雞油豌豆，樸拙實在的土豆燜飯，當然最後還有破酥包。我貪心，有金橘和芝麻流沙餡的糖包、豆沙包和肉包各吃了一個，實在不夠矜持。

銀翼餐廳 s11

A 大安區金山南路二段18號2樓
T 02-2341-7799
H 1000-1400 / 1700-2100

吃了可真的會飛的蝦仁鍋巴。

當然你可以一個人在擁擠人潮之前或之後跑來銀翼只點一碗蔥開煨麵鮮香滑溜入口，也可以跟兩三個知己午間小聚；必點清爽不膩的鎮江肴肉蘸鎮江醋佐薑絲，再來吱吱有聲的鍋巴蝦仁，酸甜香脆蔥味，然後喝杯清茶定定神，等那把十二公分見方豆腐巧手切成細絲數千再以上湯輕煨的傳奇菜式「文思豆腐」出場，然後以一籠集合了蒸餃糯米燒賣和小籠包的精緻巧手的雜式小籠作結。

還有到了喜慶聚餐大日子，各種口味配搭的乾絲或炒或煨湯，清炒鱔魚未夠還點燒下巴，然後是重頭戲肴元寶出場，肥美滑溜入口即化的豬皮帶肉，那管明天再跑十幾公里——

常常笑著懷疑銀翼的前身為什麼會是空軍官校伙食團？這麼厲害的菜式把大家都吃胖了，怎麼擠得進翱翔天際的戰機？

喝了就想留在地不離不棄的文思豆腐。

李和潤
友人

外婆是上海人的 Roger 自言是老派人，那種十分樂意在家裡花工費神燒菜做飯然後宴請友好的人。多年前有幸在他家吃過一頓十數人一桌的大菜，幾乎馬上就勸他應該不務正業開設私房菜。這回要求 Roger 介紹一家江浙老字號，已經較少外食的他認真的跑了一轉做田野調查，給我一列名單中就有蔡萬興。吃飯不要裝模作樣，東西貴就不好吃——Roger 說。

蔡萬興老店 s22

A 中正區福州街16-6號（牯嶺街與南昌街之間）
T 02-2351-0848
H 1000-1400 / 1700-2100

為吃一碗菜飯，大家東奔西跑的又去隆記又去九如又來蔡萬興，都是一批熬過不少年頭，受到嘴刁食客各有褒貶的江浙家常小館。都不太重視室內裝潢，心思都盡量放在菜肴上，算是留住幾款招牌熱賣的老味道，都忙不過來搞什麼品牌創新——

這都是現實，不是每家餐廳都看來或說得那麼風光。踏實的叫一客酥爛入味的蔥烤無錫排，一盤嫩溜但有一點點腥的紅燒下巴，濃淡軟硬拿捏得宜的一碗菜飯，一碗從皮到餡都十分誠實的菜肉餛飩——為什麼漏點幾乎每

桌都點的排骨菜飯？正好留一個藉口心思思讓自己下次再來見識——還有未試的湖州粽和桂花酒釀芝麻湯圓加蛋。

難得一見的功夫菜素燒黃雀，清爽鮮美的豌豆魚丸魚肚湯，鮮美得叫人回味細嗒的喻蟹。乾貝銀芽魚絲用上東星斑！

朱振藩
美食家、作家

引人犯罪的招牌腐乳肉。

叫大家樂吞了的衛王粉絲煲。

軟爛和味的蝦子蔥燒烏參。

皮酥餡溢的蘿蔔絲餅。

驚艷叫絕的用東星斑、大蟹和白蛤⋯⋯

在正式認識朱振藩老師之前，當然拜讀過他的全方位美食大作——但每本都千萬不可以在深宵臨睡前看，否則要從臥室衝到廚房甚至穿一身睡衣上街覓食去。今回有幸與朱老師兩度同桌共享美食，一桌上海菜一桌台菜，都因為有老師本尊在場，一邊吃一邊專心聆聽每道菜背後都有通達學問，由老師神情篤定娓娓道來——

上海小館 s28

A 新北市永和區文化路 90 巷 14 號
T 02-2929-4104
H 1130-1400 / 1700-2100 （每月第二及第四個周一公休）

常常聽身邊的飲食業界高人前輩反覆強調經營食肆至要重視 Location，Location，Location，越說我其實越糊塗。就讓我原地站在不知好歹的境地，作為嘴饞食客，出門用餐吃的不該就是 Passion，Quality 和 Technique 嗎？

即使台北市區街巷來回走動這些年，其實都不敢說真的熟悉，更何況過河（過橋）到中和、永和或者大直或者三重去，但如果某某食肆有絕佳好評（或怪評）勾起我等興趣，管他是鳥不下蛋的地方也會跑過去，這也是對 LLL 的另類理解吧！

說了那麼多，就是想說這家座落尋常街角，店內裝潢並不講究的上海小館，就是因為食材嚴選，烹調有道，火候拿捏正好，長期贏得一眾食評名家如朱振藩老師、王宣一老師以及跟我同樣嘴饞為食的老友恩文大哥、心怡妹妹（不該稱姐的，我懂）的衷心讚賞。我有幸，得以叼陪末座，吃到一整桌功力非凡的大菜，身邊前輩都會認這是少數保得住老味道的位處台北的上海菜館——來看、來嚐，第一身體驗最準確最真實。

龍都酒樓 n44

A 中山區中山北路一段 105 巷 18 之 1
T 02-2563-9293
H 1130-1400 / 1745-2100

作為一個從小在香港吃粵菜長大的
嘴饞為食人，我自覺有這個責任穿
州過省甚至飛到十萬八千里外的異
國去「考察」，粵菜在離開了自己
土地之後，究竟會長成一個什麼樣
子變成一種什麼滋味？而當我在倫
敦在阿姆斯特丹在悉尼都吃到很講
究很不錯的粵菜之際，我當然期待
在台北這個這麼親近的城市，也能
吃到心滿意足的粵菜。

越是這樣想，就越不敢輕易嘗試。
茶餐廳？廣東燒臘？廣東粥？也許
這些味道是太熟悉了，總未在台北
找到百分百的認同。而這回矢志要
找出一家粵菜酒樓老字號，身邊的
久居台北和經常來往台港的朋友都
不約而同的說：龍都。

龍都以烤鴨出名，早已自成一格局
氣派。精選宜蘭鴨，純熟精準的烤
製，在食客枱前片皮、上碟，配上
鴨醬、蔥段，以手工餅皮包裹鴨皮
鴨肉，吃來皮脆肉嫩、甘香豐腴──
好吃是沒話說，但這種吃鴨的形式，
分明是北京填鴨的吃法，廣東人吃
鴨大件入口，沒那麼講究──我的
地域固執又作怪了。

但還好的是龍都的廣東點心還真的
不錯，再來一盤素菜，也的確是廣
東酒樓飲宴的水準──至於酒樓的裝
潢也就十分的上世紀八十年代香港
風格，相信王家衛也會喜歡。

湯建業
台灣女婿、
香港十三座
牛雜話事人

與業哥因牛雜結緣，成為老
友之後才得知他早年已來台
北發展，妻兒都在台北工作
生活。本來在台北當髮型師
的他，為圓心願回港把父親
生前經營的牛雜小吃味道承
傳下來，發揚光大。老友們
經常慫恿他該把這廣東滋味
帶到台北，在這個已經有吃
牛基礎的口味包容開放的城
市，為自己找到一個原汁原
味的獨特定位──業哥，舉
手舉腳支持你！

黃健和
大辣出版
負責人、
單車客

健和作為我的多年死黨老友兼工作老搭檔，該是多年前把我第一次帶到談話頭的那個人。他經常很煩惱在台北要帶我這個嘴刁的傢伙到什麼地方吃喝，但把我丟在談話頭他就很放心——「你自己搞掂咯」——他的廣東話真的一直沒學好，枉他有個香港老友免費交流，這是我二十多年來一直揶揄他的，唉！算吧啦——

談話頭家常菜 e5

A 大安區光復南路 240 巷 55 號
T 02-8771-8254
H 1130-1430 / 1730-2200

少年弟子江湖老——搬出這不明來歷的煽情句子，很適合形容健和幫忙召集的在談話頭的這頓飯。

談話頭，我竟然一不小心都經歷過這家店 87 年在復興南路，90 年在信義路，03 年在延吉街，2012 年剛搬到光復南路新舖的這四個階段，談話頭有我最喜歡吃的湖南蛋（雖然私下會懷疑湖南哪個鄉哪個鎮會有同樣的做法！？）來到談話頭吃飯，會跟我的在不同年代不同場合不同原因認識的台灣藝文圈老朋友不約而同打個照面，有時碰巧有座位同枱閒聊，有時也各自專心吃喝。在這個怪卡向子龍老闆多年堅持「不勾芡、不放味精，不收服務費所以也沒有什麼服務」的三不政策屬行的餐廳裡，吃的是舒服隨便的家常菜。說是以湘南菜為主，也融合江浙和其他口味，也就是說，看老闆和廚師的心情狀態——我們作為食客的，不也是一年四季有冷熱有高低嗎？所以人在江湖，我和我這群老友們都各自認知被認為是範兒，也管不了是民國範還是文藝範了——健和、耿瑜、懿德、嘉華、西宇、郭力昕和鍾適芳夫婦、許村旭和女友黃麗群、褚明仁大哥，舊友新朋，有緣同桌共飯，家常菜也是江湖菜，江湖中努力吃喝玩樂，少年弟子，江湖老了——

好呷台菜

我的外公祖籍金門，在印尼出生，於
上海唸大學和當律師，然後東渡日本
營商，輾轉勾留廈門最後南下香港，
與妻女兒孫安享晚年——

冷靜同時衝動的我現在終於明白，為
什麼我在那許多許多年前第一次到台
北，第一頓飯第一箸菜進口，天啊，
那是深宵時分復興南路上的小李子清
粥小菜：地瓜粥、菜脯蛋、滷豬肉加
蛋、三杯雞、炒米粉中撒的那一把紅
蔥酥——完完全全就是我們家裡外婆
和老傭人入廚做菜的內容和味道！

外公愛吃懂吃，但作為曾經風流倜儻
的貴公子，不下廚，只負責吃，以及
自覺的帶著外孫東吃西吃，矢志培養
一個貪吃的接班人。所以我現在確定
也膽敢說，紅蔥酥、九層塔、滷肉、

麵線、潤餅、五香豬肉卷（雞卷）、
蚵仔煎建構起我的味覺基因，我和台
灣菜根本有血緣關係。

因此我更可以肆無忌憚尋根究底：從
延三夜市熱炒、中山北路、天母和
北投的酒家菜吃到適逢其會的辦桌，
旁通深受日本料理影響的台式海產攤
和自成格局的台式客家菜；當然更不
會放過早午晚各種街頭巷尾小吃攤的
古早台灣味，放開胃納企圖吃明白這
源自閩南菜系，經過日治殖民影響又
受國府來台後外省菜衝擊，因此兼容
並包不斷融合變化的發展出台灣菜性
格，也做足功課企圖吃出清、淡、鮮、
醇這幾大台灣菜特色——

我吃，吃成這個樣子，外公一定在
偷偷笑。

阿美古早味 n4

A 大同區延平北路三段 49 號前
T 09211-17232
H 1630-2200

我們這些從小吃大牌檔路邊攤長大的，現在竟然誤打亂撞經常有這個那個機會一身光鮮正襟危坐的 fine dining。餐桌上把平生博聞強記的與美食有關無關的中外古今逸聞吞吐挑撥，叫鄰座四周各位認識的不認識的都得陪笑回應，然後等了很久很久，終於來吃的——眾人不顧儀態的拿起 iPhone 拍拍拍，專業相機連燈光拍拍拍，然後菜都涼了，或者菜根本就是涼的。

所以我是從一百米外就知道我肯定愛死延三夜市裡的阿美古早味——這裡是路邊攤，隨時要跟其他食客共桌，下雨天不營業沒得吃，馬路上車來車往，周圍一眾吃喝聲浪氣氛情緒超高漲。男老闆蹲坐在路旁表演絕技，用鼓風爐控制火溫，用炭爐以圓鐵鍋乾煎好一條又一條金黃酥脆肉嫩汁多的馬頭魚。女當家阿美團團轉端菜上桌：甘腴鮮美的自製香腸、粉嫩無比的粉肝、爽滑的涼拌海蜇皮、煙燻入味口感軟韌的鯖魚肚，還有皮鮮肉嫩白斬雞，最後吃飽結賬了，穿一身乾淨燙貼廚服的女當家阿美還再贈我小小一碗雞油飯——這才是我心目中真正的民間廚神，台菜真味！

冬天裡吃得酒酣耳熱，夏天吃到大汗淋漓，生猛鮮活格外有戲！

白菜、五花肉、魚皮、蝦米、香菇，種種材料先後烹調，下鍋熬煮入味，上菜時放進蛋酥和香菜，家常口味濃郁。

蛤蜊魚湯清鮮又暖胃。

巧味餐廳 59

A 大安區麗水街４號
T 02-2393-7705
H 1130-1400 / 1700-2100

我們來得有點晚（只不過是晚上八點半），餐廳外連招牌燈也關了。但店堂內裡的擁擠鼎沸還是鼓勵我推門進去，就只剩下最近大門的一張小桌，老闆示意我們坐下，沒有菜牌，完全是老式台菜海鮮熱炒店的規矩。

正因這樣，我把點菜決定權完全交給老闆，他當然知道今天該吃什麼最好。唯一的要求，我要吃我喜歡的白菜滷。

起菜了，當季最佳食材靈活配搭出的招牌絕活怎會讓大家失望：清水筍爽脆鮮甜、炸蚵酥香、白斬雞別有鹹香、開胃下飯的薑絲炒小卷、白菜滷材料豐盛飽滿，最後來一盤軟韌多汁炒米粉——其貌不揚的五十年老店果然厲害！

熱海碳烤海產屋 w20

A 萬華區和平西路三段 162 號
T 02-2306-3797
H 1100-2330

良憶說要帶我去見識一下受日本料理影響的台菜，又或者說是受台菜影響的日本料理。這當中錯綜糾纏說不清，我說只要吃的不含糊就稱心滿意了。

熱海碳烤海產屋就是這樣一家粗獷隨性的店，先在門外路邊生鮮海產攤看食材，老闆娘給你建議提點，然後內進幾疊的房間裡先窺探一下鄰座點了些什麼——

幾個值得一試的招牌菜包括清蒸後再用砂糖煙燻的南極進口圓鱈、鹽烤得脆嫩的松阪豬肉夾著大蒜蘸著芥末醬吃，還有每枱必點的櫻花蝦炒飯——島嶼生活靠海吃海，大抵就是這個意思。

翰品酒店福明廳 辜家菜

A 新北市新莊區中正路82號6樓
T 02-8994-1000
H 1130-1400 / 1730-2100

作為台灣五大家族之一的辜家，百
年來見證了台灣從清代的日治時期
到戰後國民政府的每一個歷史階段。
辜家大家長從辜顯榮到辜振甫在政
在商都在台灣社會擔當領導地位扮
演重要角色。

這個傳奇家族一向低調，叫社會公
眾熱衷關注的除了家族上下各人分
別的政治取向及營商之道，該有好
些人會好奇辜家的日常飲食習慣以
及養生之道。位處新莊的翰品酒店，
是辜家家族的酒店業雲朗集團旗下
的一家為人熟知的酒店。懂門道的
老饕，更可以在翰品的福明廳裡一
嘗辜媽媽最愛的家常菜。

不要以為顯赫身家的豪門望族一定
就餐餐鮑參翅肚，一隻溏心荷包蛋，
煎香成形快將起鍋之際，澆進以一
勺白醋一勺醬油一勺糖拌勻後的汁
液，過一下火，蛋荷包連醬汁起鍋
放在飯面，吃時將溏心蛋液連同醬
汁盡拌飯中，簡單易做卻滋味無窮。
再來炒一碟有海蜇皮、螺片加上青
紅椒的炒雙脆。還有來自新莊老街
尤協豐傳統手工豆乾，與芹菜及蒜
苗同炒，吃來清香可口，豆香滿嘴，
已是辜家的家常便飯。

當然喜慶節日少不了烤福方和佛跳
牆等等高貴名菜，翰品酒店的師傅
更在不少評選中以這兩道名菜上陣，
獲得一致好評。

湯鮮料足，高貴佛跳牆。

豪門望族的簡單飲食選擇。

入口甘腴的烤福方，
以素方餅夾伴進食。

客家小炒其實最考廚師對火候的掌握把控。

傳統的客家白斬雞，要蘸上和味的桔醬醬。

薑絲炒大腸是典型的客家風味菜。

客家小館 s38

A 新北市永和區智光街22號
T 02-3151-7777
H 1130-1400 / 1730-2100

當我們在談台菜，我們談的其實是
——

當然維基百科裡面彈跳出來的資料就會說，台灣人口超過九成是由閩南移民組成，所以台菜日常飲食口味就是閩南口味（當中有大比重的福州加潮汕菜的成份），但閩南移民來到台灣，能夠取得的食材已經跟福建不盡相同，所以漸次發展成獨樹一幟的本土特色菜系。

同時，以居住人口比例而言，客家屬於第二大族群，勤儉耐勞，善於製作米類食品，也精於儲藏食物，以抗衡物質短缺和嚴苛的生活環境，口味以油、鹹、香著稱。所以在這個眾多民族共融的現實裡，談論台菜，又怎能與客家菜割裂？

和兩位資深傳播媒體老朋友心怡和恩文大哥約晚飯，當然不需要學術文化理論作背景（音樂）。也正因為恩文大哥媽媽家的客家背景，愛吃也愛下廚的他，自然擔當起飯桌上的資料庫和專家食評人。客家小廚的老闆是苗栗客家人，有二十多年的掌杓營生經驗，做得出一桌道地正宗客家菜絕無異議——不過這裡的客家菜又開始融進上海菜的風味，正正反映出一家餐廳一桌菜餚究竟有多傳統有多正宗，的確是當下社會劇變中充滿有趣爭議的生活課題。

吳恩文
資深媒體人

有人做得一桌好菜，有人說得一口好菜，恩文大哥屬害，兩者皆精皆通。所以在他的廣播節目「吳恩文的快樂廚房」中，有他對食材食物以至千絲萬縷相關生活主題內容的評論和建議。手執他的食譜著作，甜酸苦辣鹹人生百味全體驗。在客家小館的餐桌上說到他熟悉的客家菜，他馬上手舞足蹈繪形繪聲的教我如何做客家釀豆腐——

大隱酒食・小隱私廚 $20

A　大安區永康街65號/42-5號
T　02-2343-2275/ 02-2343-5355
H　1730-0000 (周二至周日)
　　1130-1400 (六/日)

一整夜吃吃喝喝下來,在小隱私廚
的榻榻米炕台的併桌上,究竟上過
多少道小缽、炸物、燒烤物、佐飯
菜餚和湯羹,我都數不清了。私廚
老闆James隨意刻意的開了一瓶陳年
花雕,一邊吃喝一邊聊起他早年如
何因挑剔愛吃而開起餐廳,又如何
在美國的那些年開過的那些川菜江
浙菜甚至日本料理,終於因為耐不
住異國他方的無聊(更重要的原因
該是吃不到台灣食材做的台灣菜),
所以他又再回到自己的土地找老朋
友吃飯喝酒——也就如此這般的開
起了先滿足自己後服務大眾的「小
隱私廚」「大隱酒食」。

James還是一向老習慣,親自到菜市
場魚市場挑選當天最好食材,以累積
多年的廚房內外的運作經驗,對客
人口味的準確細緻掌握,當然更重
要的是自家飲食態度和理念的實踐。
前菜從口味濃重的私房鳳爪、酸甜
爽滑的涼拌魚皮、麻香四溢的涼拌
龍鬚菜、香辛五味透抽,到皮薄餡
鮮的炸蚵酥、料多汁濃的扁魚白菜
滷、刺激食慾的三杯大腸、回歸基
本的菜脯蛋、自製鹹豬肉、鹹香肉
細午魚一夜干,還有最勾引台灣感
情味覺的苦瓜鳳梨雞湯,再來不得
了的炸軟殼蟹蔥香豬油拌飯——

這面前一切飲食把我擊倒再擊倒,
無力招架無法抵抗的是James即使醉
了也對自家土地對當季食材對身邊
人不離不棄——小隱大隱,有尊重有
熱愛,都在尋常巷弄中。

没有雞的雞卷，
當中的典故請
自行追尋

未来未
起来起稱
稱辛辣辛

焦桐
作家、
大學教授

雞家莊 n29

A 中山區中山北路一段105巷9號
T 02-2541-8261
H 1100-2200

從荷蘭鹿特丹家裡飛個十萬八千里老遠的回到台灣家裡，良憶的眾多理由和目的當中，心思思為了吃這個為了喝那個肯定排在很前面。日間自己一個人閒逛到哪裡吃到哪裡是一種方式，宴請親朋戚友就更得準確講究。

良憶相約了一群影視媒體老朋友到台菜老店雞家莊，我這個路過打醬油的也混了進去。這家「主題」餐廳以雞肉為招牌菜，而且是肉質最好的，沒有生過蛋的放山「小姐雞」。每枱必點的三味雞上桌，盤中排放了烏骨雞、燻雞和油雞，肉質同樣滑嫩但口味各有不同，更配有特製醬汁，燻雞配紅醬，烏雞沾薑汁，油雞就這樣吃已經大滿足。

同桌登場的烏魚子、雞卷、炸蝦條、炒豬肝、鹹酥苦瓜、絲瓜煎、滷白菜，都是台菜裡的老好味道。還有那碗以雞湯代水煮的雞飯，那馳名飯後甜品雞蛋布丁，老友相約不必有理由，但目的當然心照不宣。

多年前還未見面認識焦桐老師已先有拜讀他的詩作，猜想該是一個瘦削溫文典型文藝範。後來開始看到他的飲食著作，有緣見面共飯之際才知道老師真的也可以吃得很兇很瘋——他的《暴食江湖》、《台灣味道》和《台灣肚皮》是我認識當代台灣飲食文化的入門秘笈，當然能夠一同趁著飯局叨陪末座就最幸福受用。

儂來餐廳 n13

A 中山區民生東路二段147巷11弄1號
T 02-2505-0891
H 1130-1400 / 1730-2100

電話那端焦桐老師說，我剛約了一群教授朋友吃午飯，要不要一起過來——當然好當然好，而且二十分鐘內我就趕到了，周六午間熱鬧擁擠的店堂裡全民已經在轟轟烈烈的開吃了。這家在媒體上經常曝光，由參賽獲獎的黃景龍師傅作餐飲總監的台菜海鮮餐廳，名氣越響人氣越旺就越自覺要求越重質越重量。所以一桌滿滿的從家常海鮮熱炒到筵席華麗大菜都叫饞嘴一眾越吃越 high 越有期待。

跟著焦桐老師吃喝最有故事也最痛快，同桌諸位學術界文化界前輩也興致十足的高談闊論起來。但因為面前美食太豐盛我來不及招架，只好不發一聲的一直吃一直笑一直吃——由前菜滑嫩粉肝到皮爽肉滑蔥油雞和香Q彈牙的香蒜中卷，肥美汁甜的炒海瓜子，更不得了是華麗高調的紅蟳米糕，一登場就秒殺的烏魚子炒飯，還有姍姍來遲但也一掃即光的皮脆肉滑的燒豬腳——儂來這名字也夠台的，生猛鮮活自有勢頭。

明福餐廳 n8

A 中山區中山北路二段 137 巷 18 號之 1
T 02-2562-9287
H 1130-1400 / 1730-2130

許多年前施媽媽教我吃台灣麻豆文旦的古老方法。文旦也就是柚子在台灣的叫法，成熟期恰逢中秋，是應節佳品。鄉間懂吃的老一輩把文旦剝皮拆肉後，會以傳統的醬油膏蘸吃，清香與鹹鮮碰撞，滋味無窮。我跟施媽媽說其實我家外婆也有這種叫小孩覺得不可思議的吃水果方法，除了文旦蘸醬油，還有西瓜灑鹽、草莓滴陳醋……果然是薑越老越辣呀！

這回一定要請施媽媽好好吃一頓飯，且毫不猶豫地決定到有口皆碑的台菜名店明福餐廳，憑執著換得尊重。

入座後請教施媽媽該點什麼菜式，從山蘇小魚、炒半天筍、三杯中卷、炒烏魚腱到白斬雞、五柳魚，都是台菜經典中的經典，家常做法不含糊，宴會菜式更是講究。我提前訂了一甕佛跳牆，裡面堆疊滿放了鮑魚、魚唇、魚翅、干貝、豬肚、冬蟲夏草，還有好些滋補的雞子在內，燉足五六個小時，盛碗喝來還是清醇滋潤，絕不黏稠渾濁，這就是阿明師幾十年功力精華的最佳表現。

在施媽媽身邊耳畔悄悄問，今晚的菜可好？唔，整體不錯，但半天筍快到季末了，開始有一點點老，中卷稍稍韌了，可以更好——果然是見多識廣的長輩——

最多肉最嫩滑的一件留給施媽媽。

爽脆鮮甜的炒烏魚腱。

施媽媽
友人母親、
美食家

施媽媽當然是我們的長輩，但心境可能比在座的一天到晚辛苦累勞的我和我的同輩老友們都要年輕。每道菜一上來，施媽媽比我們還要靈敏的拿出手機站起來為美味拍照作紀錄。我更覺得剛從廚房出來走動一下的阿明師看到了也在會心微笑。要跟朋友們分享啦！施媽媽認真回答說。

名不虛傳的閩南系宴會大菜佛跳牆

A 士林區天母東路 101 號
T 02-2871-1517
H 1130-1400 / 1700-2100（周一公休）

不必兜轉，客套話不多說，我真的從來沒有吃過這樣好吃的排骨酥。香、酥、脆在外；甜、軟、滑在內。而且超大超大塊，讓我不必反覆起筷搶完一小塊又一小塊的，可以安心愜意的從外到內的滿足一番。然後開始擔心原來台式酒家菜當中有此厲害武器，叫喜好香口炸物的一眾肯定臣服。那自家粵菜中什麼咕嚕肉呀金沙骨的隨時被發配邊疆被打入冷宮，我還在這裡吃得眉開眼笑的，其實情何以堪？！

感謝宣一老師推介引薦，一嚐這桌以煎炸物和湯水菜為主的典型酒家菜，而天母的這家金蓬萊，也是源自北投的知名酒家菜蓬萊料理的第三代。席間還有美食家前輩朱振藩老師，新相識的同樣嘴饞的洪逸文、王靖華老師夫婦，黃淑芬老師及黃賢富兄。恰巧路過的香港老友又一山人和又一夫人也欣然同桌，很有吃酒家菜該有的興高采烈場面氣氛，大伙就差在沒有唱起那卡西而已。

當然桌上見識品嚐到還有皮亮肉嫩的白片放山雞，沾上特調醬汁格外香鮮，麻油豬肝和腰花連料帶湯爽脆鮮醇；加上第一次吃到的典型酒家湯菜螺肉魷魚蒜鍋，做法複雜講究。有趣的是湯中用上的螺肉罐頭和多種添鮮味素，大俗然後大美，叫人對昔日酒家裡酒酣耳熱賓主共歡的場面很有遐想。

最後上桌的是酥香鬆化的炸芋條，再飽也得掰一半好好嚐嚐。

王宣一
作家

自從多年前讀完宣一老師的《國宴與家宴》以來，就一直暗暗冀盼有朝一日可以嚐得到老師親自下廚屬害手藝。可是一直緣慳，倒是有回跟老師一起擔任台北美食節的國際廚藝大賽評判，三天內吃了幾十道菜，見識到老師對美食的講究和嚴謹，明顯的對中菜西吃之風不以為然，本來中菜習慣就是大盤飽滿上桌，一分盤分食，菜涼了，靈魂都沒了。

東洋風不息

第二章之十

能吃愛吃懂吃的台北老友甚至日本僑民朋友都信心滿滿的跟我說，台灣應該是在日本國境以外吃得到最好最全面多樣日本料理的地方。從形式到內容都極端講究的懷石料理，講究魚鮮食材和米飯及醬料來源，重視刀工和手勢的刺身和壽司專門店，到各種專門料理如炸豬排、鰻魚料理、蕎麥麵、烏龍麵、壽喜燒、御好燒、鐵板燒、烤肉以至關東煮、天婦羅、咖喱飯，以至速食類型的蓋飯和漢堡等等，真的是各門各派各種價位都一概齊全。

怎樣在這多如繁星的日本料理店裡鎖定你的覓食目標，是追蹤在日已經稍有名氣，來台繼續鑽研廚藝早晚辛勤的日本籍主廚？是挑一家由日據時代留下來的老房子改建的空間內開設的日本料理，去設身處地感受日本生活環境氛圍？還是開放接受已經落地融和，十分有台灣風味台灣風格的日式料理店？在這個世界已成一村的當下，台日文化關係比歷史上任何一個時期都要複雜多層次，反映在餐桌上，根本不只吃吃喝喝，簡直是一篇還未寫完的九萬字論文。

野村壽司 e24

A 大安區安和路一段78巷34號（仁愛路4段
　122巷口）
T 02-2755-6587
H 1130-1400 / 1800-2200（周一公休）

我在等、我在看、我在觸摸、我在聞、
我在聽、我在品嚐、我在想、我在回
味──我在 Nomura 野村壽司，中午
時分逗留的兩個多小時，體驗經歷的
是一直在我面前的野村裕二師傅的最
後二成功力。

最後二成？這話怎說？Nomura 家自
撰一本精美小冊登載有這一段話：
「一件事情做到 80 分往往不難，費
心與費時就可達到，難是難在那剩下
的二成，似近卻遠。十幾年如一日的
反覆練習，只因每往前一小步都是一
種淬練，須不間斷的毅力才能精進。
每一刀，是為了更工整俐落；每一握，
只為更加掌握那隱約於鬆散與緊實間
的完美口感──」

反覆重看這一段話，作為自認也用心
用力做事待人的世間千千萬萬人中的
一個，我想哭。

所以面前的岡山備前燒陶板上先後
放上的是小鯛是白乾是鮪魚中腹是
竹筴魚還是花枝或者白蝦都好像不重
要了，這起承轉合的進食節奏過程，
終於導致刁鑽嬌蠻又軟弱搖擺的食客
如我百感交集，甚至是某種意義上的
崩潰──所以手拈每一件壽司入口，
我面前的一切解體為一片紫蘇、三兩
滴小豆島醬油、一隻清酒小杯、微
烤十秒、一撮細蔥、口腔裡的油脂、
一小匙醋、魚肉上以利刀快劃幾道細
紋、三秒快炙，聽來抽象的空氣感，
可強韌可婉約的溫暖度……野村師傅
這最後二成的功力，就表現在如何日
以繼夜的把握拿捏並恰當呈現出這些
關鍵構成。

每個人，都會在這小小的壽司店裡有
思有想，有所感有所得，有所成就。

一碗揮洒自如的散壽司，
似滿天星，
又似花盛放──

盧信江
祖魯部落
藝術負責人

如果我不是在信義路四段
199巷這個拐角作了一個向
右轉的決定，沒有在 Sidney
的店前碰上以為是送貨小弟
但其實是老闆的他，我這一
輩子就可能少了這個這麼有
趣這麼通達也原來這麼嘴饞
的同道中人。然後我們談起
共同朋友共同興趣共同嗜好
──我們開始一起吃壽司，
一家又一家的吃下去──

野村裕二是無數食客心目
中的神──見證一個職人的
付出與回報。

氣定神閒，恃才而不傲物，
這是我對初見面的野村師傅的直覺

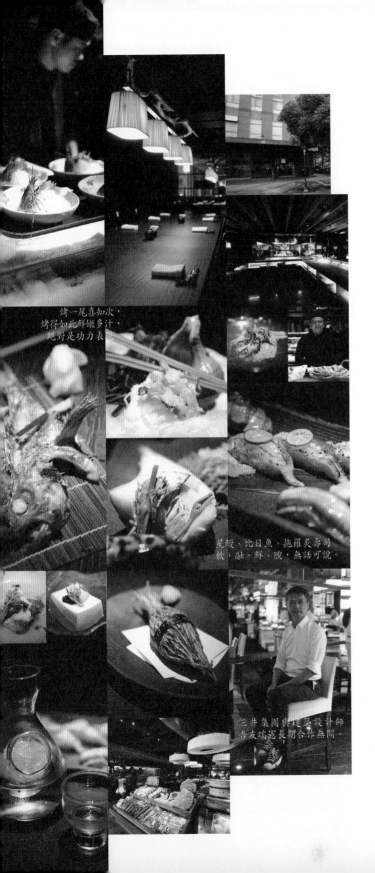

烤一尾喜知次，
烤得如此鮮嫩多汁，
絕對是功力表現。

星鰻、比目魚、拖羅炙壽司
軟、融、鮮、腴，無話可說。

三井集團與建築設計師
吾友瑞憲長期合作無間。

身邊不少嘴饞為食友人都酷愛日本料理，不惜工本一年十多二十次飛到日本，就只為了吃某位師傅用某種當季食材做的某道菜。這樣的為食求知精神固然可嘉，這樣吃喝本身也算得上是傳奇。當中有幾位比較極端的，吃著吃著就吃出一些迷信，反覆跟我強調日本料理的極品名店都該是小店，座位三個五個，料理長是神，做什麼你就得吃什麼。至於價格不用說，都是天價，越貴越好，讓我等平民百姓經過連門口也不敢望一眼。

我沒資格跟這些飲食達人辯論，但我倒很樂意在台北看到有好一批其實在食材和食物品質，烹調手法以至擺盤賣相都絕對不比日本國內料理名店遜色的店家出現，價格更是十分十分合理，這當然更受到廣大食客的擁護歡迎——位於大直的明水三井，作為三井日本料理集團的其中一份子，就是堅守這種經營原則和理念的闖將。

走進明水三井第一個感覺就是大，一反高檔日本料理必得小小的格局。而在包廂坐下，廚師建議的今日精選上桌，光看的就是美，入口再驚嘆：真滋味。

作為客人的我已經很滿足了，但經營者和廚師團隊還未滿足，他們虛懷若谷，矢志精益求精。

上引水產 n3

A 中山區民族東路 410 巷 2 弄 18 號
T 02-2508-1268
H 0600-2100（餐飲由 11:00am 開始）

專程過來捧場趁熱鬧，果然是人頭湧湧熱鬧到不行。

我跟瑞說你好過份，做書店的空間規劃設計裝潢就把本來小貓三兩的書店弄得人潮如鯽像電影院開場散場，做大學校園裡圖書館的設計就優雅高貴得像星級大酒店，做水產批發市場的設計專案竟也變成一個結合餐飲、生活雜貨、食品超市的多元化多功能空間。即使地處市區邊陲，也照樣引來全日人龍，在刺身壽司立食區、露天燒烤區、閣樓火鍋處，隨時有幾百人在來來往往。

有海鮮批發和日本料理龍頭老大三井集團作強大後盾，食材貨源充足，新鮮度和質量水準絕對有保障。面前的豐盛刺身立食套餐組合，對比香港同樣質量，價錢就實在便宜太多。而且在這個一切開放透明的空間裡，活潑自由、年輕熱鬧，從經營者、設計者，到餐飲服務者及消費者都在參與這場互動的遊戲，好玩又爽。

立食好滋味！

陳瑞憲
建築師

幾乎從他設計的第一個私人空間和第一個公共空間就有去八卦「踩場」的我，怎能不到這個他規劃設計的又一個熱點去參觀學習順便飽餐一頓呢！平日隔不久就收到他的長途電話問我在香港在北京在上海在這裡那裡該到什麼地方吃飯？我終於可以嚴正警告他：不要煩我了，每個城市我專門為你做一本美食指南吧！包括台北──

如果想知道什麼才是真正成功的創意產業，你來對了地方。

126

小曼姐笑說日本人看到她店這樣「善用」上等漆器，肯定被嚇壞了——但隨心肆意也沒有不對吧！

謝小曼
小慢
Whole food
tea experience
負責人

每趟和小曼姐相約在她的店裡喝茶聊天，都覺得時間悠悠的過得特別的慢。那天和她從店裡沿著泰順街走到她的小慢 & Jikonnka Taipei，我這個一向心浮氣燥的也真的就隨著她放緩腳步慢下來。我因此更確定這相念力，慢慢發放的是正能量。

作為日系生活美學的實踐和倡導者，小曼姐準確拿捏徐疾有致的生活節奏，她其實也很忙，但忙而不亂，這就是功力所在。

天命庵 s6

A 中正區徐州路 34 號
T 02-2322-5642 / H 1730-2400（周一公休）

走進台北的街巷，時常叫我駐足留步的是那些被長滿藤蔓的圍牆包圍，隱約看得見庭院裡動輒近百年的日式木頭舊建築的房舍，有的已經破舊失修明顯空置，有些還該有住客一直居住。究竟在這些日據時代的環境氛圍裡，過的是怎樣的一種生活？我一直未有機會認識碰上一個可以告之究竟的朋友。

那也是我刻意要來天命庵的原因。曾經是台大宿舍的這幢日據時代的老房子，年前被重新改造成一家台式串燒居酒屋。經營者設計師盡量保留原宅的古拙味，小巧庭園，入屋窄長迴廊分隔用餐區和廚房，天花的竹節裝置藝術很注目。室內作和室佈置，講究的古玩舊物擺設用心營造起往昔生活細節氛圍。

這裡提供的台式串燒大都用鹽烤，從豬舌、豬上顎、豬頸、豬肚、豬五花豬大腸豬生腸到各式蔬菜都有。點來了白果、茭筍和翠玉瓜，烤了一尾秋刀，也叫了幾碗茶漬飯，一如夜同桌的小曼姐和志仁所言，這裡的串燒食物水準 OK 中上，而叫人一再重來的吸引原因應該就是這獨一無二的地段環境和裝潢格局，耽美的人是沒救的了，這個我很清楚。

滿儀屋台料理 S3

A 中正區金山南路一段46號
T 02-2392-8518
H 1800-0200

滿儀屋台二樓用餐區的燈光偏暗，
不瞞大家已有老花眼的我雖然已配
有多焦眼鏡，但實在每次都看不清
楚窄長菜單上的蠅頭小字。沒關係，
來到這裡，一切都放心交給老闆阿
威處置。

這位喜愛海釣又每天跑老遠去市場
親自挑魚買貨的年輕老闆，最自豪
的就是向大家推薦自家製的鹽水泡
醃魚鮮然後風乾成的一夜干：從喜
知次、竹筴魚、花魚，到鯛魚、鯖魚，
不同季節潮起潮落都有不同樣供應，
各種程度的鹹香和不同軟嫩口感的
魚肉，輕挑細啖滋味十足，十分過
癮──酒！？這個時候這個氛圍，怎
可以無酒──

因為起喝了，大伙也很快就高了，
所以接著下來的一輪又一輪精采菜
式，先後程序就不再那麼重要了。
沾海鹽的炭燒牛肉、鮭魚茶漬飯、
蝦刺身、蛤蜊角瓜、帶子刺身、乾
煎蝦、炸雞塊、烏魚子配山梨、櫻
花蝦炒飯……全都是不花俏不造作，
叫人吃得舒服自在的平民口味。這
樣一路吃喝下去，我就更不顧儀態
的嘻哈吆喝起來，對對對，什麼時
候可以跟阿威出海？

馮光遠
給我報報
創辦人

說來很久未到馮光遠大哥
家，在半夜時分翻他那四壁
書架上的藏書，聽那些只有
他才清楚理得出年份脈絡的
黑膠唱片，當然還得喝那些
一屋珍藏的不是說笑的但喝
了真的會 high 會笑的葡萄
酒。紅酒知識淺薄如我只知
好喝，喝多了就挨在那些從
紐約搬回來的老椅子上睡著
了。這回大哥拿著上佳清酒
來滿儀，一夜干？半個小時
內就乾了。

口感軟賦的烤烏魚子配山梨，
靠海吃海原來也能一步登天！

下酒好菜之外，來碗暖胃打底的鮭魚茶
漬飯，呼呼吃喝下去，飽、暖、爽！

沖繩名物爽脆山苦瓜，加入豆
腐、肉末和蛋液拌炒——有幸吃
得苦中苦，都成人上人。

容容
小學
五年級生

容容一進店就沒有停下來，
尤其看到面前這個白頭叔叔
看來很友善應該不是什麼壞
東西，就開始跟我天南地北
聊起各種話題。還好他也很
懂避重就輕的不去碰一些
叔叔完全不懂的年輕潮人玩
意，以免我哭著喊老了老
了。當菜一上來，容容卻就
乖乖的專注的吃起來——有
其父母必有其子，一樣的嘴
習懂吃咯！

豐厚又嫩滑的玉子燒裡
有肥美燒鰻魚，
兩者皆我愛！

和幸沖繩料理 n31

A 中山區林森北路 119 巷 84 號
T 02-2568-2736
H 1730-2330（周日公休）

身邊的女友說要結婚了，然後說要生
孩子了，然後又說要再生孩子了，那
你該怎麼辦？只能說，恭喜！恭喜！
再恭喜！

真的，認識滋齡這好些年，我耳聞目
睹這一切，而且老公志明是個比日本
偶像實力性格男明星還要俊朗剛健迷
人的不花美男，幸福兩個大字都貼在
額上了。而更過份的是，她的兩個由
她腹大便便的時候就認識的兒子凱凱
和容容，都是不折不扣的小帥哥。那
天晚上約她一家四口到七條通的沖繩
料理和幸吃飯，恕我笨拙玩字，就是
和幸福在一起。

來和幸，就是要這種回家的、放鬆
的、幾乎想脫剩汗衫和內褲的感覺。
但我不敢，因為這可是幾乎全台北的
政界商界演藝界文化界名人以及我等
平民都惦念常來的地方，單看牆上
題字題畫已經花上大半個晚上。來這
裡的目的當然是吃，吃的是滄桑又帥
氣的沖繩老闆親自烹調料理的豆腐小
魚、明太子炒花枝、苦瓜炒蛋、鰻魚
玉子燒、雞唐揚、鮭魚茶泡飯……雖
然是十幾年不變的餐牌上的家常飯
菜，卻又一點不含糊馬虎，通通飽胃
暖心，更何況有這閒放開融洽，分秒樂
翻天的一家人在身邊，和幸呀和幸。

穗科手打烏龍麵 e9

A 大安區忠孝東路四段 216 巷 27 弄 3 號
T 02-2778-3737
H 1130-1400 / 1730-2100

我的面前是一份風琴式五摺疊的宣傳
小冊，印載了穗科店家的源起及對其
手打烏龍麵的創作工序的介紹：日日
素直手作，時時於心想念──我有衝
動把這簡單樸實的文字段落都在這裡
抄一次和大家分享，但最直接的還是
你我親自來看來吃，誠意和用心都得
第一身體驗感應，互動回饋。

即使路過，也該佇足觀賞店堂臨街玻
璃窗後麵作坊中年青師傅在專心的和
麵、擀麵、切麵，潛心磨練自己有朝
一日成為烏龍麵職人。走進裝置簡約
細節講究的室內，餐牌內可供選擇的
是全素的，也就專心做好三幾樣：首
選的自慢冷麵，冰涼滑溜彈韌至極，
與特調醬汁和海苔絲一拌，忍不住兩
三口就雪雪吃光。小菜中的紅酒漬鮮
茄和黑玉胡麻豆腐也是必點，一樣細
緻優雅，簡單，不簡單。

吳東龍
作家、
東喜設計
總監

約東龍吃蓋飯，吃拉麵烏龍
麵、吃關東煮、吃壽喜燒、
吃涮涮鍋……其實在台北
要挑一家十家百家吃出日本
氣息的餐廳並不難，但要吃
得準確到位，作為日本設
計控的他就要做功課動腦筋
了。一起選擇了穗科，冷麵
雪雪進口大家嘩嘩連聲。好
吃以外，東龍還會告訴大家
這個碗好在哪裡？這把椅子
這張桌是誰誰設計的──

添財日本料理 w1

A 中正區武昌街一段 16 巷 6 號
T 02-2361-5119
H 1100-1430 / 1700-2100

良憶說，這家店的日本料理沒有搞創新
亦不求突破，不一定合年輕人口胃，但
你一定得來試試這自成傳統的台式日本
料理。這就對了，良憶實在了解明白我。
這家店就正好讓我這些不太年輕，亦不
再吵嚷著說自己有多屬害多創新突破的
傢伙，好好的坐下，去吃去體會感受一
家老店是如何真材實料的屹立至今，擇
善固執的堅持自己相信自己。說白了，
就是以好的品質，合理的價錢，服務大
眾──叫日人客人一定驚訝的厚切生魚
片，大盤汁香味甜有夠爵勁的炒牛蒡，
大大件足料花壽司，還有親自出馬那必
點的關東煮，緊緊實實的，室內播的音
樂也是典型東洋到不行。來吃就好，大抵不必再有個歷史
學教授在你我身邊嘮叨日本文化對台灣社會的深遠影響。

必點添財強項關東煮：
走到大鍋前指點，奮心
的點了蘿蔔魚板、蒟
蒻、油豆腐、阿給，還
有那用兩三大片高麗菜
漫軟包入豬肉、葷蔬等
等餡料的菜卷，爽甜多
汁好回味。

用上南部養殖白鰻，
宰殺處理後以私方照燒汁烤，
每天炸開幾千件——

當然不是我吃過的最好的鰻魚飯，
但我還算知道有一件事叫感恩。

人氣鼎旺，始終第一

每天限量發售的午餐
便當，華麗登場。

清鮮汁多野菜卷，甜蝦炸
蝦排，也是這裡的熱賣

從外到內，
這才是對的顏色和質感——
對的無尤無怨的脂肪！

肥前屋 n30

A 中山區中山北路一段 121 巷 13-2 號
T 02-2562-8701
H 1130-1430 / 1730-2100（周一公休）

說來還是老朋友陳瑞憲在許多許多年前第一次帶我來肥前屋吃鰻魚飯的，年代久遠到瑞一直死口不認我們竟然認識了這麼久。印象中的肥前屋更擁擠更嘈吵，店堂都好像被油煙燻過的樣子，黑黑油油的。而面前那一盒不能（其實是不願）分吃予人的鰻魚飯，就更肥美更焦香更甜厚更滑溜更多汁，下的山椒粉就更多更爽。

許多年沒有再經過，是怕排那一定要排的隊？是怕一邊吃食一邊要抵抗室內的嘈吵吆喝高分貝？是怕再吃不到從前的老味道？是怕前塵往事一一趁機翻滾？我真的沒有那麼糾結，要吃，就來求吃。

杏子日式豬排餐廳 e40

A 大安區復興南路二段 271 巷 2 號
T 02-2701-0298
H 1100-2130

因食結緣，初相識已經可以上天下地肆無忌憚無所不談，當然也絕不隱瞞雙方的死穴——日式炸豬排？！哈哈哈，嘩嘩嘩，要去！我們都異口同聲，去哪一家？我問。我搞定！Tony 回答。

因此我們比人家開門中午營業還要早的到達，是第一枱點了特選黑豚TORO 里肌肉套餐，厚切里肌豬排套餐、野菜鮮蝦排套餐和每天只賣二十份的商業午餐便當的客人。

咬著又鹹又甜又酸又脆的開胃蘿蔔絲，用小缽磨著炒香的芝麻，十分有

林恩浩與太太
三尺堂堂主
年輕真好！年輕又能吃愛吃懂吃的更好！！看這兩口子的 Z11&Gadda 的美食生活博客，就知道什麼叫慾望、熱情、瘋狂、挑剔、拼搏和透徹。從天南地北四出訪尋美食到乖乖回家入廚動手到終於按捺不住要一頭栽進食品製作行當造福為食群眾，這不歸路是直達天堂的。而天堂裡眾多美味當中一定要有炸豬排，這是牙痛剛癒的Tony 奮不顧身推薦的一家，正中炸豬排控大叔的下懷。

期待的等著餐牌裡美美的內有脂肪均勻滿佈的豬排上場——怎知豬排上來一夾一看，Tony 臉色有異，不對，這不是我在這裡吃過最好的狀態！我善良，還是咬了一口，唔——

我還未來得及反應，Tony 馬上召來經理投訴，經理也立刻道歉並吩咐師傅準備另一份再上——果然十分鐘後，傳說中的至嫩至滑至脆至甘甜至豐腴的炸豬排就出現了。

這個故事的教訓和啟示是——

異國在地

第二章之十一

常常被八○九○後小朋友眨著眼問我這個白頭大叔究竟人生的目標是什麼？這個在早、午、晚餐時間回答其實都應該有不同答案的問題，認真與不認真的答案也就是：都在等吃下一餐！

但這種等，對我和身邊許多台灣老朋友來說，都不是呆在一個老地方乖乖的地等。人是動物，貴在能走動，所以都在全世界趴趴走，走透透的過程中，在異國文化的衝擊下，不斷的發現和認識這個世界，了解和定義自己。所以身邊眾人包括自己，在外面走了一圈又一圈，兜轉回到自己的本來起點的時候，終於發覺原來自家地頭也有這樣的精采、如斯的驕傲。這種看來是個人身心尋覓的過程，其實也應對一個近年大家都掛在嘴邊的全球在地化的議題——越走得遠站得高，越該懂得需要腳踏本土實地。

雖然我的台灣老友們還是在抱怨質疑

台灣的電視新聞頻道其實不少，但為什麼都在全數「製作」報導本地大小新聞，外地新聞少之又少（花絮八卦除外），給人一個好像很不關心世界大事的樣子。我這個「外人」也只能調侃說，大家應該是通過餐盤上的美味去認識世界的——而事實上，新一代的有想法有能力的台灣廚師，也都開懷擁抱全球在地化的概念和實踐，本身就是身體力行的 Locavore，經常食用並應用台灣本土食材。在自家餐廳的料理創作中，讓台灣好山好水裡小農栽培的豐富多樣同時品質優良的農產品，牧場漁場飼養的本地優質豬牛家禽及魚鮮種種食材都能得到表現發揮。特別是有西方烹調技術訓練和西餐廳營運經驗的新一代廚師們，更是熱情澎湃的在把全球在地的理想抱負努力實踐，不管是否 fusion，反正就是混搭，最重要還是自我感覺良好：在對的時候，和對的人一起，做對的事，炒對的菜，吃對的飯。

貓下去 s4

A 中正區徐州路38號
T 02-2322-2364
H 1730-2230（周一公休）

我得再一次表白，我是很好相處的。
但也得同時承認，我是很難搞的。

很難，已經很難真真正正的興奮。

但在這裡，在貓下去，走進來連水都還未喝一杯，抬頭看牆上這一段字：「you say you want a revolution, well you know, we all want to change the world.」我已經馬上的，完完全全的興奮起來。

而且，坐下來正在糾纏掙扎究竟開胃菜要點的是脆皮雞肉與蘿蔓沙拉總匯？是酥炸雞軟骨與馬鈴薯沙拉？還是西班牙風味煮大蛤蠣與花枝丸？主菜要點煙燻風味辣炒培根配鴻喜菇意大利麵？蘑菇奶油配碳烤小豬意大利麵還是青醬牡蠣瓢瓜燉飯配辣炒帶皮花枝？還有不得不點的薯條配油封大蒜——貓下去的話事人阿寬已經把一瓶 白葡萄 Crandlake moscato 甜酒放在桌上，斟上一杯遞我——完了，我完了，我其實還未開始哩！

一天到晚在提醒大家要客觀中立不要先入為主的見鬼去吧，我們就是要主觀、要有偏見、要有癖好，要擁抱這一群有目標有理想而且刻苦能幹的守在貓下去的窄長同時開放的廚房裡的年輕人，一定要看阿寬在貓下去 meowvelouscafe 博客上於 2012 年 4 月 9 日星期一輕描淡寫的關於貓下去的 1000 days 這篇文章：「隨著日子，隨著年紀，隨著生意的增長，許多事情需要改變，食物的表達方式需要改變，雖然我們都明白型態上的轉換可能已經很難突破，但就日復一日端上桌的食物與飲料，我希望的是它們都能夠展現出一種內斂睿智的獨特姿態——」

這群來自高雄餐旅學校和其他院校

酥炸雞軟骨與杏鮑菇，縱容我放縱自己，和你。

南瓜鳳梨濃湯！從沒想到這兩種至愛可以美滿成親！！

煙燻風味辣炒培根與鴻喜菇意大利麵，我就是要這種勁勤與滋味。

科班出身的廚師，以窮小子暴飲暴食股份有限（體力無限）公司註冊，合力經營著這家排隊客人越來越多，營業時間越來越短，謝絕四位以上的團體客人的小餐館，有靈魂所以有性格。名片上除了地址電話公休日子，寫的是八個大字：「沒有道地，只有在地」。

鵝油炸薯條，
酥香得過份！

樂朋店內完全是法國道地小酒館的裝潢風格氛圍。

樂朋小館 Bistro Le Pont s24

A 大安區潮州街176號
T 02-2396-5677
H 1130-1430 / 1730-2200（周一公休）

每趟跟 Le Pont 的 Luc 見面，話匣子
一開就關不上──

Luc，你很愛說話啊，滔滔不絕居然
比我還多道理，思路還更混搭更跳躍
──這位腦筋轉得超快而且行動力超
強的老兄，短短幾年下來，除了令穩
守老家高雄仁武鄉橋邊鵝肉老舖的本
店，成為本地外地的食客專程覓食拜
訪的地標名店；更用心研發精工手作
生產入罐的鵝油和鵝油蔥酥，成為老
饕們有口皆碑的暢銷熱賣。又與麵家
跨界互動生產禮盒套裝，更出動出擊
北上來台北創設法式小酒館 bistro 風
格的樂朋小館，再在老家附近覓地
設立研發食材食品的手工作坊……我
有幸目睹這一切的發生，見證了台灣
傳統飲食口味和習慣如何與法國飲食
文化傳統真正碰擊互動。在我面前
的餐桌上有完全法式傳統的 confit du
canard 油封鴨腿：醃漬、低溫慢烤、
油浸，再慢火煎成焦脆的過程一點也
不馬虎。鵝油煎炸的薯條殺死每個薯
條控，而台式鹹水鵝肉一樣鮮甜嫩
滑，招牌燻鵝風味十足，鵝油拌飯拌
麵都是饞人必點。能把這地理上相隔
十萬八千里的「同宗」身份放在一個
位處台北的一家法式小酒館裡相認，
異國能否在地，絕對是一個大膽好玩
的實驗，開業以來被顧客的認同擁護
就是成功實證。

能夠準確大膽地汲取法國人對傳統
當地食材的尊重，對飲食生活細節
的固執堅持，以及食品產業裡的種
種專業技術知識和品牌宣傳推廣手
法……Luc 和他的樂朋團隊跨出漂
亮的一步又一步。最近他在計劃生
產的，是餐館裡大家正坐著的那一
把優雅又大方實用的歐洲山毛櫸實
木單椅，這可是這個氛圍和氣場中
不可小覷的重要元素。

Forchetta 叉子餐廳 e27

A 大安區安和路一段 127 巷 4 號
T 02-2707-7776
H 1200-1430 / 1800-2200

Forchetta 的老闆主廚 Max，話很少，一句就是一句：我做的是地中海台式料理。

認識 Max 好多年。Forchetta 剛開的時候，因為這個意大利文店名，加上店裡熱賣的燻雞蘑菇煎餃、薄片披薩，外間就把這裡認定是意大利料理。Max 一直想跳脫開這個定義，正如他從園藝的專業跳到餐飲這一行，就是要給自己一個更廣更濶的航道。他把心一橫，去了一趟長途旅行，亦把餐廳徹底改裝，回來之後鋪開了地中海概念，認為地中海沿岸幾個國家，都善於把海鮮、蔬菜水果入菜，跟四面環海的台灣也很類似。

而再來的幾年一路實踐下來，Max 就更堅定大膽的擁抱台灣本地食材，用上從來不會在台灣西餐廳餐桌主菜上出現的台灣黃牛肉，取臉頰部位，在牛骨和蔬菜熬成的濃汁裡經過十五小時慢慢燉好，以保留牛肉的膠質和原味。牛面頰入口滋味清潤溫柔，令配菜和醬汁發揮更好的襯托提昇效果。由他親自到產地訪尋回來應用的還有新竹有機蛋、苑里有機耕稼的放牧鴨、台灣西部沿海沙岸的野生蝦、觀音山的綠竹筍、宜蘭的紅心芭樂和金棗、南投的節瓜……至於他從開店至今新舊食客都不離不棄地擁護的榨菜雞肉意大利麵，用的是台南復興醬園的傳統手工榨菜。Max 巧手菜式口味細緻多樣，一頓飯下來驚喜讚美不絕，堪稱高級西餐廳裡最大膽最全面應用本地食材的第一人！

微笑著跟我說最近「發現」了粵菜中常用的蠔油，Max 決定要好好的研究一下這種醬料的無限可能性！

被暱稱「蝴蝶蝦」的招牌名菜，用上台灣西邊沿海砂岩捕獲的野蝦。蝦頭烤製，蝦身輕燙，配上設置熟成一年更顯香甜鬆軟的花蓮南瓜、鵝肝輕煎，醬汁以檸檬汁、香檳醋和蠔油調成——

許心怡
資深媒體人

許多年前初抵台北，心怡和她家的冰箱是震撼我的人和事物之一。我們這群嘴饞夜貓三更夜半到訪她家，她竟然在二十分鐘內，不慌不忙的從塞滿各種食材的冰箱裡精準俐落的取出所需，一番煎炒煮炸，豐盛一桌勝卻人間無數——真正愛吃能吃懂吃的她在台北眾多精采的異國料理中特別看好 Forchetta，驚嘆大廚 Max 開業九年來不斷挑戰自己，以地中海台式料理準確定位，嚐得到的真摯誠懇，深深感動。

名不虛傳
榨菜雞肉意大利麵，切記加點自製的辣橄欖油。

脆！炸！
豬耳朵豬耳朵豬耳朵！！！

洪震宇
創意人、
故事人

震宇很愛運動、跑步、上健身房、騎自行車，堅持每天操練，練得精瘦靈活就有更多的條件繼續吃——吃也不只為滿足口腹之慾，吃出食物和食材背後的豐富故事才是他的目的。所以他也把自己稱做說故事的人，帶領大家走進台灣各地鄉鎮，深度旅遊的過程中更認識了解更熱愛自己的土地和人民。

室內裝潢，活潑隨心不拘一格。

重口味必點豬舌燉飯。

豬跳舞小餐館 e14

A 大安區光復南路 290 巷 48 號
T 02-2731-6469
H 1130-1430 / 1730-2130

剛在誠品買了綽號大肚皮的豬跳舞老闆主廚 Jason 的開心食譜《潮爆大肚皮》，就收到震宇的電話相約在豬跳舞跳舞——吃飯吃 high 了是會情不自禁跳起舞來的。

正經八百不是 Jason 的本色，這位畢業於國立高雄餐旅管理專科學校西餐廚藝科，先在 Va Bene 意大利麵舖、後再創業開有 Big Pancia 大肚皮意式餐坊的他一路追趕跑跳碰的歷練過來，就是憑著熱情、開心、好玩的生活和工作態度，用上台灣的雲林快樂豬，把意大利和地中海豬料理的烹調風格，在豬跳舞小餐館作一個主題式全方位集中呈現。

一來就舖排出豐盛開心格局的開胃豬拼盤有滑嫩的豬頸肉，鮮脆的豬脆管，口感豐富的豬軟管和豬心。再來的酥香得厲害的脆炸豬耳朵配酸豆美乃滋真是無比罪惡！吃了更懂得說好話壞話的豬舌燉飯，堅持 al dente 的米粒與軟脆入味的豬舌硬軟絕配；然後隆重登場的惡魔風烤豬肋排，骨香肉嫩，甘腴重口；接著的戰斧豬排更是肉脆多汁，風味突出——午間全豬宴吃來當然身心飽滿，充份體會到大肚皮 Jason 一方面專注用心的下廚料理，亦同時興緻高昂的探險玩樂。我們的日常吃喝生活就正正需要這樣一種對本地食材的透徹了解，對異國料理精神的追尋探索。

蕃茄主義 s40

A 新北市新店區中央五街 55 號
T 02-2218-0849
H 預約制 1800-2130（周二至周五）
　 1200-2130（周六周日）

都說回家真好，但我們這些犯賤的終日奔波在外的，只能勉強的哄唬自己美其名四海為家。一路吃得雜七雜八的也只得稱之為多元飲食文化體驗。直到有天夜裡真的終於可以偷空回老家一轉，進門走幾步累倒在床，也無力為其實很肚餓的自己下個麵煎隻蛋了。

這是現實，也不可憐，那就更顯得我們身邊一些好朋友的無私和偉大。因為她們他們不嫌勞累的經營起像家一樣的廚房，為一眾在外流浪的大家提供一個溫暖自在的空間，一頓叫眾人能夠拋棄煩惱開懷分享的豐盛美味。我們在吃喝笑談中平伏了心情，梳理了思路，啟發了創意，在這個家的環境與氛圍裡重新建構起對家的冀盼與想像——更具體一點，是對家裡吃喝的質素的要求和提昇。

小雯姐的蕃茄主義，就是這樣的一個家。上回與生活美學設計團隊「蘑菇」好友同來，今回與一對老相識岳夫和小安相約，來這裡要人多，才能盡情分享這味覺和視覺的繽紛壯麗。從那滿堆新鮮蔬果的超大盤沙拉開始，到那鮮甜肥美可人的白酒燒蛤蜊，香噴鬆軟手工麵包最適合蘸食那盤香腸燉馬玲薯的濃稠汁液。喝一小口蕃茄湯馬上變得很有主義之際，那叫人嘩嘩連聲的西西里紅醬燴海鮮配細扁麵就隆重登場了——至於甜品又是另一次驚艷，為什麼我們都這麼受寵，看來這輩子再無藉口拒絕愛，付出愛及分享愛了。

陳岳夫
室內設計師

岳夫愛下廚，燒得一手好菜。但岳夫也很忙，要等他偷閒親自下廚宴請我們這群為食老友恐怕要等一年半載。所以我把他邀回家——到蕃茄主義，怎知他因此跟「失散」多年的老友，也是店主人小雯姐得以開心聚舊！本就住在離這店不遠的岳夫聽聞這店卻一直沒來過，所以說，吃飯本就是很簡單也很奇妙的一回事。

保持整潔
確又歸包

微煎乳豬五花，
前菜起步也見屬害工架。

在讚嘆連聲中登場的
碳烤澎湖小卷意大利麵，
亮麗醒目，
鮮香脆嫩衡突感官，
入口更覺挑逗勾引。

鎮店主打老饕牛排：
高品質規格肋眼先煎俊烤，
肉質細緻滑嫩，肉味飽滿濃郁，
完美呈現選材處理及烹調造詣。

叫人依俊不捨的有洮
溫烤蘋果塔配焦糖醬，
請請請再來一份！

林洲民
建築師

跟洲民老師每隔三五年見面一次，每次都在餐桌旁。選擇什麼餐廳吃喝什麼，都跟我們當時的生活和工作狀態緊扣。這回來到鄧有癸師傅的 D & C Bistro，其實也就是在洲民老師的設計作品內用餐。老師與鄧師傅一拍即合，付出努力作出奉獻，為台灣本土的 wine & dine 餐飲事業構建願景。這是本份，源自對台灣這片福地深沉的愛。

D & C Bistro w26

A 中山區敬業二路 69 巷 55 號
T 02-8502-5779
H 1200-1430 / 1800-2230（假日全天營業）

走進這個在座每個人都在情緒高昂興奮狀態的地方，空氣裡飄盪著的都是燒烤的海鮮和牛肉的誘人香氣。還有那隨著酒杯互碰的一下，葡萄紅酒白酒從杯裡緩緩貼唇進口的一刻光影折射，有人發出輕聲讚嘆，有人索性拍起掌來，有人笑眸如花，嬌羞的往身旁的肩膊依偎過去，有人招手再喚其實一直都在旁邊專注著整個環境的服務員。是甜品時間了，眼睛又再閃出期待渴望的光——在如此氛圍環境裡與知己友好吃喝聊天，自是無比愉悅！

如果說能量，這裡有的都是正能量。人與人、人與食物與環境融和互動，都把自身最優秀一面的表現出來。我跟面前座上有牛排教父之稱的鄧有癸 Danny 師傅和獲獎無數的建築師老友林洲民老師直率坦白的說，把這個開出這樣一家餐廳的理念從構思變成事實，於短短大半年裡已經達至如此人氣鼎旺，滿座高朋的局面，而且叫我這個第一次造訪的都感到蘊含於舉手投目之間的一種成熟細緻，實在是廚房內外幕後台前無數人的心血努力在凝聚彰顯。

在主廚及營運經驗都如此豐富的 Danny 師傅的嚴格把關和掌控下，吃到超水準的食物是理所當然的。但更屬害更叫人興奮的，是那種飽經煉歷精益求精才獲得的準確定位，在這裡，我有幸目睹體驗到台灣餐飲專業團隊專注立足本土的同時表現出的一種國際水準風範，讓人由衷感動，對未來更有期待。

馬口鐵私房菜 e41

A 松山區八德路三段 8 巷 37 號
T 02-2579-5577
H 1130-1430 / 1730-2230（周一公休）

電話那端環境很嘈雜，勉強聽得見約這頓飯的老朋友說我們要去吃一頓由印度廚師做的中國菜。這聽來有夠好玩特別的，從來好奇八卦的我欣然赴約。

馬口鐵，本來就很工業感覺的質材，也是這家以此為名的私房菜小飯館的裝潢風格。古董桌椅傢俱，探照燈一樣的片場照明，入門一張老照片果然有印籍廚師（？！）在偌大的餐廳後廚中忙碌不忘擺甫士。飯人一眾有主催的關傳雍老師、愛吃的瑞、倪桑和舒哥也應約，然後老闆出場，原來這裡是好久好久沒見的一直在台北餐飲界活躍的小廖的店。好奇問起印度廚師，小廖笑說主廚其實是在印度加爾各答出生長大的華人，跑了半個地球通曉烹調多國菜式，現在落地台北，也已經打通脈絡，正好一展所長——在馬口鐵小飯館吃到的菜，據小廖自己的定義，是西式酒菜小吃，但不想以 tapas 自居，就是把自己喜歡邊吃邊配酒的不管哪一國的好料跟大家分享——我正正就是喜歡這種隨心順意忠於自己的個性和風格。

由老闆替我們打點的菜單裡，滷味拼盤道地入味，酥皮口水雞和脆皮半筋半肉都是香口下酒好物。當然主角是顯示主廚背景實力的咖喱牛腩煲，牛腩軟腍咖喱香濃，層次豐富不是一味的辣。再來的湖南金錢蛋和腰果蝦，分別也是鹹香和酸甜重口味的下飯菜。最後主食來的一鍋白鯧米粉湯，湯鮮魚嫩粉細，十分飽足。雖然先入為主的覺得每個菜都貫串一點印度咖喱的氣息，但主廚笑著說不，除了牛腩煲有用上咖喱香料，其他菜式只以辣椒或胡椒提味添香——無論如何，這種印度口味與中菜的近距離接觸，也足夠開拓一片獨特風景。

第一男主角：咖喱牛腩煲。

關傳雍
室內設計師

作為台灣室內設計界的重量級前輩，關老師的另一個身份當然就是嘴饞為食的領航員。老朋友舒哥的美食文章中經常都會飄過關老師的身影，原來高人都是隱於背後指點江山的。這回他推薦的馬口鐵，也就是那種樸實中見主廚功力讓食客歡喜的小飯館。

挑戰談話頭的湖南金錢蛋！

印度籍華人大廚，倒又幾分像日本人！

四知堂 s5

A 大安區濟南路三段 18 號 1 樓
T 02-8771-9191
H 1130-1400 / 1730-2130（周一公休）

天知、神知、我知、子知——這是後漢書中所謂的四知。換了現代大白話：天知、地知、你知、我知，也很清楚。

可是回想我第一次來四知堂吃飯的一個中午時分，計程車明明就已經停在門口，我還是不知這裡就是四知堂，因為一切都隱閉得厲害。我當然也知這就是老闆陳超文超人的風格；從多年前認識他和他策劃經營的眾多餐館：芥末、兔子聽音樂、佃權、立吞大眾酒場、Coffee NonZero……他總是每隔一段時間就會變出一家裝潢細節跟菜式都不一樣，但明眼人一進去就知道這跟超人有關的餐廳，讓大家談論、欣賞。當讚美累積到一定程度，超人早已在計劃下一個好玩的項目，把對美食對生活美學的個人認知體驗，通過餐廳這個場所與更多有追求的人交流分享。

超人把小時候看病的一家藥店的名字取過來，四知堂就這樣出現了。餐飲營運經驗累積已夠豐富的他，一方面在代理引進國外的精品橄欖油和紅酒陳醋供予業界，亦在自家四知堂裡發售，而這兩個「異國」元素也美妙的與店裡的「中式」家常在地菜式發生關係。大盆蔬果沙律的調醬中，當然有橄欖油或者陳醋在發揮作用。清蒸紅喉鋪上幾片馬鈴薯，魚蒸好了上菜時澆上一勺橄欖油，頓增清鮮醇厚。及至甜品時間，現烤的舒芙蕾，澆進些許橄欖油，乳酪蛋糕配上陳醋，都是叫人驚喜不已回味再三的味覺經驗。難得的是超人不重覆，一直開心肆意的在玩他要玩的，在地食材處理烹調的生鮮活潑中有異國飲食文化的神緒。開放包容，沒有規矩亦沒有包袱，正是我等急欲通過一頓晚飯來逃脫日間繁雜的傢伙最最想要的一種過癮狀態。

餐廳選址也反映超人眼光的獨到精準。
設計國父紀念館的台灣建築大師王大閎
在 1964 年的作品「虹廬」，
再現江湖成為多元混搭有家居裝潢風格的四知堂。

忽然回到西班牙了。

酸菜麻醬麵，
可不可以給我再上一碗？

用上南方澳現流小卷的
一道鮮美菜餚。

蔣慧仙
上下游
新聞市集
負責人

與《誠品好讀》當年的編輯慧仙是老朋友，她更是我當年在台北每個周末流連電音夜場跳個通宵達旦的指路人。幾經轉戰，永遠站在當代文化前沿的她，現在是上下游新聞市集（newsmarket. com.tw）的負責人，全力關注台灣的糧食自主，食品安全、農村文化、地產美食及綠能生活，有心有力，感動！鼓掌！！

小慢 s27
Whole food tea experience

A 大安區泰順街16巷39號
T 02-2365-0017
H 1000-2100（周一公休）

如果要把我軟禁在台北，請把我「滯住」在小慢這裡。

不需派便衣在街頭假蹓躂，也不必派心戰專家來替我做思想工作。在這樣一個安靜樸素、細膩自在、美得需要深深呼吸的氛圍環境裡，我會自己看守管教自己，會三思三省，然後發現，我不必痛改前非，我放縱沉溺在這靜謐裡，我沒有錯。

在這個由小曼姐一手打造的生活美學空間裡，悄悄進來坐好，最大的體悟是我們得真正的學會感恩。前人今人發明創造生活中如斯美好，我們在尊重、欣賞、享受的同時也就有責任幫忙維護保存、分享推廣──一杯茶、一隻碗、一本書、一塊手帕、一方圍巾、一分輕食簡餐……每個人，種種器物，都有自己的輕重拿捏呼吸，都自有獨特生活方式形態，我們互相為對方讓出一個位置，讓每一個聲音都被聽得見，輕輕的、緩緩的，其實都有份量、有影響。

請把我軟禁在這裡吧，我會燒菜做飯，我不介意洗碗擦鍋，我也可以幫忙打掃──我願意。

不時舉辦的茶會，
在茶道、茶懷石的欣賞學習中洗滌身心。

有交流有啟迪的展覽空間經常安排
日本藝術家的紡織、陶瓷和書畫個展。

盈眼都是綠，
台北鬧市一隔街巷深處
就是有這樣的寧靜。

每日的簡餐輕食，
都是色香味的精準配置。

神清氣爽，
收放自如的小曼姐。

一道絲瓜哈蜊家常菜，
清麗脫俗真本色

懷石料理訓練出身的
阿正師傅，深諳色、
香、味互動的關鍵所在

一口甘腴，
三呼萬歲！

葉怡蘭

美食家、
PEKOE 食品
雜貨鋪・
Café 主理人

感謝老朋友怡蘭，多年來身體力行的體驗撰寫和推介引進種種國外及台灣本土的食材、飲食和旅遊資訊。在她的個人網頁裡，在她帶領團隊經營的 PEKOE 食品雜貨鋪和 Café，都感受到她對本土在地生活的關心和熱愛。這回相約在阿正廚坊，原因很簡單，阿正師傅是台灣料理界的驕傲！

阿正廚房 e29

A 大安區安和路二段 20 巷 8 號
T 02-2702-5276
H 1130-1400 / 1730-2200

能夠吃得阿正師傅指導及親自下廚的拿手好菜固然是幸福，能夠拿到一箋由他親手用毛筆書寫的當日上桌的菜單以作收藏，更是額外驚喜！從字體看一個人的邏輯思路心情狀態，從一桌菜看一位廚師的做人處事態度和生活風格，更直接的，當然就是認識本尊。對阿正師傅的為人和做菜都十分讚賞的怡蘭，特邀我一定要去見識阿正師傅的台菜功架，而這一桌台菜，當然也就是師傅累積多年日本懷石料理，西式烹調實踐，融匯貫通不拘一格的痛快出擊。

從一登場的強調不必沾美乃滋的綠竹筍沙拉，爽嫩清鮮原味盡出。接著一盤明快亮麗的絲瓜哈蜊，其滑其脆其鮮吃得人心花怒放。那個盛菜的青花大碗也很講究的發揮了一個襯托彰顯的作用。再上來的黑亮黑亮的薑絲透抽，絕對是阿正師傅本人性格的奔放表現，率真野性中有微妙細節。作為食客也不必乖乖的，有衝動要與也穿一身黑的師傅來個擁抱。蔭冬瓜破布子蒸紅喉勝在調味與火候，壓軸的蒜苗燒長方是怡蘭極力推薦的，五花肥肉燒得酥軟，以蒜苗的清鮮平衡互動，甘腴入口開心至極拍案叫絕！能夠走進傳統悟得真味，又能漂亮跳脫出來展示一種個人的風格和當下的演繹，實在是一種修為境界。

席間阿正師傅進進出出，輕鬆幽默談笑風生。當一個廚師在真正享受著，他的生活他的工作他的菜式，已經完完全全的渾然一體，美妙無比。我們作為嘴饞食客的，笑著搓著肚皮，由衷感激。

夜市夜宵

第二章之十二

對很多第一次踏足台灣，準備在台北留個三五天的朋友，問他這趟行旅的心願目的？我想逛逛台北的夜市，嚐嚐台灣的小吃──幾乎是標準答案。

當然台北不單只有好吃的，要逛夜市其實也得懂門道。我這個麻煩傢伙，貪吃又怕太飽，愛湊熱鬧又怕人太多太嘈吵，所以這些年在台北這個那個夜市和夜宵地方一路吃下來，在相信自己的第一身第一感覺的同時，也清楚知道不能光靠道聽途說網路尋巡，實在要請教各位在地老饕達人。

這回有幸還能得到她們他們興奮主動帶路，從大家從小吃大的夜市攤子吃起，從古早老味吃到創新研發，從台灣本土各鄉鎮特色吃到異國風味大集合，然後定神回想，如果由我權充為食嚮導，我又該帶大家先吃什麼後吃什麼？如何在七色八彩酸甜苦辣當中領悟台北街頭鮮活生猛的庶民生活真味？嘿嘿，我已經心裡有數，約定你一起輕裝夜行，飽滿而歸！

延三夜市 汕頭四神湯

A 大同區延平北路三段 40 號騎樓

四神湯，究竟是哪四神？四神與八仙有沒有關係？

答案是：四神其實是四臣，閩南語兩字同音，以訛傳訛臣變神。中藥裡的四臣是淮山、茨實、蓮子、茯苓，用這四種藥材煮湯，有健脾固胃的功效。但光是這四臣在一起，恐怕煮出來的湯灰灰白白，喝來口淡，因此加入豬肚、粉腸、小腸、生腸等等變成美味藥膳，是台灣早期有錢階層才有機會一嚐的補品。

如今的四神湯，神與臣都幾乎消失，只以薏仁代替，不知會否正名為失神湯。一路喝來，有寧夏夜市「阿桐阿寶」的大骨湯加四臣粉熬出的乳白湯頭，湯內有薏仁和小腸，喝時加入米酒，越喝越高。再來就是慈聖宮門口的汕頭四神湯，只在日間營業。而來到延三夜市要喝四神湯，就是這家湯頭清香醇厚，湯料脆滑甘腴，有五十多年歷史的老攤子了。

點一碗綜合四神湯，內有豬肚、小肚和小腸和薏仁。
選材都是市場現宰豬的溫體內臟，細心處理去其臟腥，留其脂香

延三夜市 大腸煎香腸

A 大同區延平北路三段 4 號前
T 0928-885-639
H 1600-0000

洪逸文
師大附中
教師

認識了比我更嘴饞也更懂得吃喝的 Vincent 洪老師，專程帶我在延三夜市一路講解一路有計劃有節制的吃喝，叫我不禁在回想我的中學老師當中有哪位有此啟蒙開竅的偉大動作？如果有朝一日我也來當老師，日常講授兼實地考察的一定是街頭小吃課，也一定要請來洪老師做首席顧問兼客座教授，每週再補送兩節體操或者游泳課。

曾經年少，曾經每個周末在台北幾家電音夜場搖頭晃腦跳個通宵達旦。跳到半場出來呼吸涼水，最不應該也最忍不住的，就是在場外路邊攤，在一團油煙熱氣中買一份噴香熱辣的大腸包小腸，狼吞虎嚥下肚，十分滿足的馬上再回到電音震盪的暗黑世界裡。

如今此音不電此舞不跳了，運用糯米腸包著台式香腸大啖吃的胃納與衝動，都乖乖還原為一盤糯米腸，一盤香腸的斯文吃法了。吃過老店內人頭

越平實越簡單的小吃越考製作心思和功夫。食客挑剔講究的就是這家大腸有沒有原顆花生在糯米內？哪家香腸的肥瘦比例如何？

湧湧的長春路賓園大腸煎，也得找機會一嚐雙連巷口大腸煎。來到延三夜市，Vincent 老師特別推薦就是這一家，蒸熟後的糯米拌有些微五香粉灌入腸衣，低溫油鍋炸過，切片吃來竟然不油不膩，配上特調醬油膏和甜辣醬，加上自家醃製的小黃瓜，更覺清爽和味。同場必點的當然是香腸：小小一條烤得外皮焦香，切片吃來鹹甜肥瘦均好，口感緊實細緻，配上辛辣的大蒜切片，正！

雖是路邊攤，
但店家待客有禮，殷勤拭掃
服務態度和衛生環境比想像的好得多。

要說這家那家大腸麵線真正有什麼區別？
其實好吃的都差不多，
不好吃的就差太多——又或者說，
吃到碗底都還有大腸的最討我歡心。

延三夜市 大橋頭肉粽

A 大同區延平北路三段

延三夜市吃不完，其實仔細吃來每攤各有古早特色各有故事。就如此家大橋頭肉粽，就是販賣北部粽的老字號。包粽的糯米先用油蔥酥、金勾蝦米和醬油炒過，下鍋蒸成米飯後，包粽時裹進五花肉、蛋黃、栗子和香菇，再下鍋蒸熟。

粽子盛碟，油亮的粽身以筷子挑夾開來已是鮮香撲鼻，沾上店家特調醬汁，熱騰騰吃來飽滿充實。胃口好的再配一碗魚丸湯，民間美味在此。

師大夜市 阿鑫麵線

A 大安區師大路 39 巷 8 號

接觸麵線，先是小時候在家裡由外婆親手烹煮的。湯頭由雞骨殼熬成，加鹽調味。麵線煮好放碗中，加入手拆雞絲手摘芽菜作料，再撒入油蔥酥和芹菜末，澆進熱騰騰雞湯，小小一碗又一碗，滋味至今難忘。

然而初到台北，吃到的麵線卻成糊狀，黏黏稠稠的吃不慣。但作為中午傍晚的嘴饞小吃，無論是南部口味的蚵仔麵線還是北部的滷大腸麵線，吃著吃著又吃出滋味。

吃過西門町那家一定得排隊的阿宗麵線，街頭立食，不慎多加了辣油，吃得渾汗如雨更辣得不知其味。亦吃過萬華龍山寺廣場旁巷子裡的麵線老字號，大腸以肉羹裹住，吃來別有嚼勁。而來到師大夜市，周圍盡是青春年少，大叔不覺尷尬反更活潑放肆起來，每回都悄悄排隊吃一碗阿鑫麵線，真材實料，飽暖滿足。

寧夏夜市 n19
鴨頭正二代滷肉飯、蛋包瓜仔肉湯

A 大同區寧夏路

要排名爭論全台北哪一家滷肉飯是
最最好吃？！其實並無特別意義。
因為這小小一碗一人包辦就吃光光
的美味，好吃與否實在是個人口味。
話雖如此我還是一家一家的去吃：
金鋒、三元號、龍緣、大眾小館、
阿正廚房⋯⋯價位不同，餐廳裝潢

第一次喝到蛋包瓜仔肉湯，
明白什麼叫一見鍾情！

環境不同，營業時間不同，更覺不能比較，只有喜歡與否。

讓好吃的滷肉飯更好的的秘訣：
不必客氣的灑上白胡椒粉！

結果來到寧夏夜市，在這個實在充滿聲色香味誘惑的地方，夜市中央的這
家鴨頭正二代，先吸引我的是那一鍋主打的蛋包瓜仔肉湯，湯中盛幾片赤
肉，幾塊脆瓜，一隻黃澄澄的半熟鴨蛋，喝來湯頭甘甜，赤肉脆滑，鴨蛋
黃捨不得弄破索性一口吃下——喝完湯再點滷肉飯（為什麼不點同門的咖
喱飯倒沒有想過。）一上來只見油亮油亮，完全是我喜愛的以大量豬皮和
少量肉碎配對的滷肉版本，加入一同炒滷的紅蔥頭更叫香氣四溢，扒撥入
口那黏滑的膠質恰到好處的包裹著每一飯粒。這大抵是我迄今吃到最過癮
的一個滷肉飯經驗。憑記憶口感一對比，就覺得之前的某家的肉太乾，某
家的汁太稀，某家的太油⋯⋯

寧夏夜市　潤餅 n19

A 大同區寧夏路

坦白說，我一直沒有太大興趣在外頭吃潤餅。 更何
況，我們家吃的潤餅是廈門口味，廈門把潤餅叫做
薄餅，我直到很後期才接受薄餅跟潤餅該是兄弟。

對我來說，最好的薄餅是小時候在家裡才吃得到的。家裡長輩花
了兩三天時間才洗淨切細熱煮好的紅蘿蔔、高麗菜、青豆、豆干、
芽菜、筍、冬菇，還有豬肉絲、雞肉絲、蝦仁，通通分別炒過再
一併放鍋內熱煮，直至一切蔬菜肉類全都軟膩入味，盛碗並適量
分放到自己面前的薄餅麵皮上——稍慢！麵皮要先抹上甜醬、辣
醬、芥末以及烤好再磨細的大地魚乾末。餡料放進去，再撒些海
苔，結實包好，不假他人之手，是自己包的才最合自己的心意。
那怕吃到一半就皮破餡露，這是因為自己太貪心放餡太多，又沒
耐性把餡裡鮮甜的菜汁稍稍隔走。

薄餅也好潤餅也好，都是過年過節家裡人團聚時候的吃食，全家
動員熱鬧溫馨，想起來不僅流口水，簡直想掉淚。所以當我經過
寧夏夜市路口這一家潤餅攤，幾位大姐一臉微笑，專心仔細熟練
俐落的為客人包著薄餅，熬煮餡料的鍋裡傳來的是那一種異常熟
悉的味道——

煮實飽滿，
餡鮮汁甜的兒時回憶。

清甜滑溜
不喝怎來懷念？

頂級重口味！

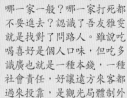

洪雅雯
時周文化
副總編輯

華西街、廣州街、梧州街一帶觀光夜市裡哪一家好吃？哪一家一般？哪一家打死都不要進去？認識了吾友雅雯就是找對了問路人。雖說吃喝喜好是個人口味，但吃多識廣也就是一種本錢，一種社會責任，好讓遠方來客都過來投靠，是觀光局體制外的更有主見的代言人。吃完這一攤，what's next？

華西街夜市 w15
梧州街口懷念愛玉冰、甜不辣

A 萬華區廣州街 202 之 1 號
T 02-2306-1828

和大伙一起逛夜市。從街頭吃吃吃吃吃到巷尾，大熱天大冷天，都吃得痛快淋漓。熱到汗流淶背之際，正好面前出現一小小攤位，賣的是愛玉冰，更用上一個十分文藝控的名字叫「懷念愛玉冰」，把其他什麼如果愛忽然愛就是愛都通通打垮了！此家愛玉強調用的是用傳統洗愛玉子的方法，有點像刺蝟的野生愛玉子放入砂布裏好，以水搓揉洗出果膠，凝固後成為淡淡金黃的透明果凍，加入檸檬汁和糖水，以冰塊鎮住。一碗盛來，滑溜喝下，清涼無比，且別有一種芳香。

至於愛玉冰正對面的甜不辣，大剌剌十分驕傲的就叫「頂級甜不辣」。雖然我覺得甜不辣裡的魚漿、豬血糕、水晶餃、油豆腐、肉丸子幾乎到處都差不多，但老友小楊和睦琳都說這裡最厲害的是醬汁。唔！蘸吃起來果然濃稠重口味，吃完還添一碗蘿蔔湯。

來自南部嘉義的店主堅持用傳統手法製作米糕，用的是舊米，洗淨泡水，放罐與炒好餡料一同蒸好，食用時淋上特調醬汁。

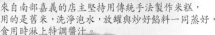

點了一碗現點現煮的麻油豬肝湯，老闆強調所有內臟材料絕不放過夜，賣光就收攤。

遼寧夜市 n32
正記筒仔米糕、麻油豬肝湯

A 中山區遼寧街（長安東路／朱崙街間）

我這個邊吃邊眨眼邊發問的傢伙，真的很麻煩。

究竟米糕跟油飯跟粽子有什麼不一樣？身邊老友回答：ok ok，三種都用上糯米，餡料都有香菇、蝦米、蛋黃、豬肉或片或粒。當然米糕是生米放小罐蒸的，油飯是整盤作的，粽子是又包又紮的。

那腰只湯、豬心湯、豬肝湯為什麼要加麻油加薑加酒？老友又再答，腰只為補腎藥引，性寒，洗淨泡水氽燙處理好騷臭，加性熱的麻油和老薑和酒，一來可以再辟異味，二來寒熱中和，補腰強精，兼治腰酸背痛——

那麼為什麼這家的米糕和麻油腰只豬肝豬心湯一起賣？為什麼你說這家的最正點？老友白了我一眼：這家的招牌就有一個正字，我在這裡從小吃大，其餘的，你自己問老闆。

阿財虱目魚肚 w7

A 萬華區內江街53號（西門町）
T 02-2370-3378
H 2200-0600（週日公休）

認識阿財虱目魚肚這家夜宵好店，又得把賬都算在舒哥國治的身上。

話說某年某月某夜，和幾位老友在西門町看完電影，已經過了午夜。其實那天晚飯吃得比較遲，已屬深宵肚還未餓，正要穿街過巷，找到之前泊好的車各自回家——只見馬路中央（真的是中央）飄來一個熟悉的身影，很有「冷雨夜裡獨行隨處盪——Beyond歌詞大意」的電影連配樂感覺。走近再看清楚，是當年還未婚的舒哥。他沒有喝醉，很清醒的跟大家說，去吃，去吃全台北最厲害的一家夜宵，喝他們家的虱目魚肚湯。

之後就是歷史，也是現在。多謝舒哥引路，這家位處西門町內江街與隆昌街街角的阿財虱目魚肚，夜裡準時十點才開門營業，真的有食客九點多就來排隊。小店店家夫婦十分專注，只做十來樣菜式，卻都是有品有質，保證好滋味，都是可以故意把晚飯延遲到這個鐘點才來痛快夜宵的。

大伙必點的有湯頭清鮮魚肚凝脂魚肉細滑無骨的虱目魚肚湯，有煎得外酥內嫩的煎虱目魚，金黃兩大塊。也有上桌時吱吱作響通室皆是九層塔香氣和蒜味辣味的三杯花枝、三杯蝦或者蛤；壓得住火氣的可點一盤蚵仔酥或者花枝酥，配水果味台啤最好。清潤一點的可以上一盤蛤蜊絲瓜，還有阿仁運動完後最愛（？！）的油亮多汁的滷肉飯……這些年來我和老友們可真的把店裡所有精采從左到右從右到左都一一吃過幾遍，還真的是百不吃厭。

誰說夜宵不要吃太多？對，每次吃兩三樣，隔天就會看見我們在。

香得嫩得呢——

越夜越美麗，越夜越旺——

鄭志仁
美學總監

曾經在家裡嘗試「仿製」這裡的三杯花枝，無論如何就是沒法做得這麼鮮這麼嫩這麼香。

與老友阿仁經常不約而同：在攝影棚的梯間狹路相見歡，在米蘭設計周傢俱現展現場同坐一張當季最紅火的沙發；然後有好幾次三更半夜在西門町，為食，都在阿財虱目魚肚店堂外的人龍裡，商量待會兒是先來吃碗滷肉飯還是先喝虱目魚湯。然後共同感慨：台北真好！三更半夜還可以吃得這麼好！！換了在米蘭？餓著肚子睡可真夠受。

不明白小時候為什麼要吃魚肝油丸？就我吃虱目魚肚那層肥肥的油不是更好？

餅餅配甜漿，
竟是某君午夜酒後
企圖讓自己清醒的方法。

夜未央，
人龍正長。

明明還未太餓
卻有衝動來碗鹹豆漿配
燒餅油條。

永和世界豆漿大王 s36

A 新北市永和區永和路二段 284 號
T 02-8927-0000
H 24 小時營業

聽了那麼多關於這家豆漿燒餅油條老店的故事，有人會抱著朝聖的心情來，結果吃喝不比想像好，失望而回。有人只是路過，看見一種歷久不衰的，起碼是二十四小時不休的熱鬧，而且豆漿燙熱喝來還算香濃，還有一種店家強調的些微焦糖的味道特色，其他的餅食還是有一定水準，也就樂於一來再來，加入這念舊的隊列。

而我總覺得台北各處的豆漿油條燒餅自己還是吃得不夠多，沒有資格比較批評，所以當大伙說要過永和橋來這裡夜宵，我還是興致勃勃的。尤其在店堂裡看到店家隆而重之的把1966當年某個晚上蔣介石夫人宋美齡女士帶著兩個外國賓客來店裡享用豆漿燒餅的逸事做成壁報板，也張貼了好些文字篇幅描述創店歷史和幾十年繼往開來的願景——在臉書和微博倉卒風行的今日，雖然如此告示是有些老派和過時，倒是別有一番味道。

小李子清粥小菜 s35

A 大安區復興南路二段 142 之 1 號
T 02-2709-2849
H 1700-0600

如果記憶無誤，這裡應該是我許多許多年前第一趟到台北，第一個三更夜半吃夜宵的地方。

當年究竟跟誰一起來倒真的（故意的？）忘了，但印象中那個深宵吃過的有小魚花生、蔭豉蚵仔、炒苦瓜、紅燒肉，應該還有菜脯蛋。當然少不了那一鍋黏稠燙熱的地瓜粥。

就是這樣，自此之後這好些年來，我在這店裡無數的夜宵，點的也真的都是這幾樣菜式。對於一個慣常早起早睡的傢伙如我，過了晚上某個時間，其實想像力創造力行動力都有遲緩減弱，唯一還清醒知道的，好吃就是好吃，不離不棄，這裡是我的深宵食堂。

蔭豉蚵仔，鮮撚賊香，
鍋裡還有油條盡吸汁液，
伴粥下飯的家常台式小菜。

Diary e20

A 大安區東豐街53號
T 02-2706-3553
H 1530-0100

如果你對小酒館的印象還是停留在那種因為下班後急欲把辦公室惱人瑣事丟開,又或者晚飯不知和什麼人亂吃了什麼然後不知接著下來該往哪裡去,所以隨便把自己丟進街角的某家酒館內有三兩與你同樣迷惘糟糕的人,靠著吧枱或者窩在沙發中喝著悶酒,聽著爛透的罐頭背景音樂,有一句沒一句的與酒保搭訕——如果真的是這樣,你最好還是馬上回家蒙頭睡覺,又或者只需要隨便找家便利店走進去,都會隨著自動門開啟的鐘聲重獲明亮新生。

Diary,一家門口幾乎看不到名字的小酒館,是老朋友的老朋友小伍的心血。來之前就是聽到老友這句話:你一定會喜歡——對,後工業水泥金屬風格與部落自然拙樸的混搭裝潢,粗獷同時溫柔,第一趟走進來就知道這就是我要的刻意地隨意的餐飲生活環境氛圍。而在這個好像未完成的也實在有無限可能性的工地一樣的空間裡,你會喝到吃到的,完全推翻那種一般酒館不合格的馬虎配搭,絕對可以專程而來為了吃這裡的脆嫩多汁的炸蟹餅,越吃越懶惰越怕以後沒有人對我如此這般好的巧克力雞翅,還有那一口酥香又結實的炸岩石,柔軟無比的羊肋排,餅脆肉嫩的網路鴨餅……我幾乎把行文風格爽直的餐牌上的每一道都點過了——來來來,還未點喝的,Sidecar?Highball還是有點搞怪的Sangria?

泡小酒館不是把各自的一身疲累憤懣放在桌上互相折騰,而是將自己最活潑最有趣的一面肆意彰顯。

巧克力雞翅,你可不可以不要美成這樣,那怎捨得吃?!

備長炭 e25

A 信義區光復南路 447 之 28 號
T 02-2722-8568
H 1930-0400

我窩在沙發裡，深深的窩進去，一動，不動。

當然我仍然是一個很好的聆聽者，你在想什麼？有話即管說，你說的一句一句，輕的重的，我都聽到，在未經你許可之前，不會發放出去。

你要喝點什麼？還想吃點什麼？你自己點，侍應會過來。又或者，到吧枱那邊，舞台一樣的吧枱那邊，看著酒保，調出他想的，你要的顏色、嗅覺、味道。你有話要跟他說？還等什麼？

我累了，我真的不想說話了，如果我還有一點什麼功能作用的話，就讓我就這樣放在這裡，像一塊烏漆麻黑的備長炭──安靜的，在幫忙吸走身邊這種那種雜質。我已經夠雜，所以不怕更雜，雜，該不會亂。

伴手有禮

已入寶島寶山，怎能空手回？

肯定不是「只此一家」，你面前是越來越飽滿豐富的台灣本土原產原創，買回去的不只是零嘴吃食，而是深情滿載的用力用心的人文精華所在。

我嘴饞，又多心，又想把台北以至整個台灣的美味與家裡親朋好友分享，所以我的來來往往的背包和行李箱裡

有過大包小包的白米、糙米、黑糯米；有過鳳梨醋、蘋果醋、麻油、醬油、蔭油醬、薑油；有過鵝油蔥酥、辣椒醬、豆腐乳、麻辣鍋底；有過各種口味的果醬、水果軟糖。當然不能沒有鳳梨酥、手工蛋糕、豬肉鬆、牛肉乾、紫菜。至於醉雞、鴨舌、蹄膀、酒釀、湯丸，都通通買過捧過回來──送禮自用已經很滿足很好，只欠還未正式當作一盤往來生意經營過。

好丘 Bagel, Café, Goods e30

A 信義區松勤街54號（信義公民會館C館）
T 02-2758-2609
H 1100-2130（周二至周五）
　 1000-1800（周六周日）

好丘 good cho's，進門眼前一亮精神
大振，面前盡是精選來自台灣在地
生產製作的食材和生活雜貨。能夠
如此集中闡述表達這個 MIT（Made
In Taiwan）主題，不僅僅是負責選
貨的團隊同事跑了多少鄉鎮聯絡上
多少小農和生產者然後上架陳列賣
出了多少貨物創造了多少業績，而
是好丘仝人工作和生活中更重要的
一種態度和理念：要通過面前這一
切用心用力栽培製作的本土物產，
彰顯這片神奇又富庶的土地和生活
其中的平凡亦偉大的人民。

在好丘這個集體滙聚出的強大氣場
裡，正能量來自天來自地來自人，
好好選擇讓大家有 good choice 有更
美好未來。

每種精選產品在貨架上都有
仔細說明，讓大家在消費的
同時增長見識：

自家現場烘焙的貝果也是
熱賣的送禮好選擇！

特闢一室定期舉辦主題
裝置特展，為在地好品
牌作更全面更直接的宣
傳推廣。

自家製手工果醬，我買回家
的一小瓶是桂圓牛奶抹醬。

與社區鄰里
融和合一的生活廚房。

溫暖明亮，大方簡約。

手工蜂蜜焦糖龍眼糕，
也是 beher 廚房裡的烘焙出品

beher 生活廚房 (e36)

A 松山區富錦街 354 號 1 樓
T 02-2765-2646
H 1130-1930（周一公休）

還未推門內進，隔著 beher 店前偌大
的落地玻璃櫥窗探頭內望——

是誰把自家客廳俐落簡潔的桌椅，廚
房裡雅緻的餐盤廚具，書房裡茶室裡
的好書好物都一一透明公開的擺放佈
置出來？一室溫暖和諧淡謐，肯定讓
人歡喜，只怕我等魯莽闖進去會打擾
到人家的靜好。

正在猶豫，室內女主人已經微笑示
意，招呼我們入內。

寒喧幾句，得知 beher 的女主人就叫
碧鶴，喜歡純樸天然簡單的由當今食
材手工製作的食物，所以在綠樹成蔭
的富錦街成立了 beher 生活廚房。這
裡定期舉辦各種烹飪課，把不同國籍
的專業廚師和台灣在地專業農夫有心
連結。從巧用各種香料配搭的印度料
理，不時不食的日本野菜料理到美感
手感兼備的日本點心製作，還有自家
果醬製作，有學有問有思有想。

店裡也同時陳設販售來自各地的精選
良心農產品和生活雜貨，特別是台灣
本土小農的收成製作：從手工釀造的
黃豆露、五穀雜糧、蔬果到有機黑
糖，苗栗四方鮮乳牧場的天然乳精氣
泡飲料，溪底遙桂圓濃縮薑湯，也有
店內廚房自家製蜂蜜焦糖龍眼糕、豆
漿和果醬……從初進門的冷靜克制到
現在的興奮雀躍，我發現 beher 這裡
其實是個熱情澎湃的理想實驗室！

157

PEKOE 食品雜貨舖・Café e23

A 大安區敦化南路一段 295 巷 7 號
T 02-2700-2602
H 1100-2000

單層寬闊的店舖簡潔清爽，整片的落地玻璃窗明亮通透，這是 PEKOE 食品雜貨舖坐落於優雅東區的實體店。自 2002 年在網絡上創立，以販售各國優質食材而廣受歡迎名聲大噪的 PEKOE，就像是一個奇異的食材嘉年華，引領大家進入一個食品與雜貨的國度。

LE PONT 黃金鵝油香蔥、意大利 FELSINA 橄欖油、Christine Ferber 果醬、Pierre Marcolini 巧克力、京都一保堂日本茶、Le Creuset 鑄鐵鍋、RIEDEL 玻璃杯、柳宗理餐具茶具……映入眼簾的地方代表食材，皆是同類中的頂級之選。由此，PEKOE 也由果醬、調料、茶葉、酒飲、咖啡豆乃至餐器，成為有品味的涵蓋吃食相關各領域的風格雜貨舖，好像世界美食這本百科全書中一頁精緻小巧的篇章。

這些令人眼花繚亂愛不釋手的商品，皆是店主──台灣美食家葉怡蘭的心頭好。作為知名的生活玩家，對食材的深度瞭解，讓她對選擇商品得心應手，如同時裝業的買手一樣，帶給本地人最優質的選擇，同時也賦予 PEKOE 一種獨特又有質感的風格。

（文：踏踏）

在輕食吧小坐喝一杯，聽店員介紹產品，也是有趣的體驗。

麻辣豆腐乳，開胃恩物

生活玩家葉怡蘭，對選購商品當然自有一套。

SOFR3SH 太平洋鮮活 e11

A 大安區忠孝東路四段 216 巷 27 弄 16 號 B1
T 02-8772-2901
H 0930-2130

漫步東區這條小巷，忽見一扇通透的玻璃門，一旁豎著新進食材的訊息牌，讓人一肚子的好奇。推門拾級而下，自有另外一片天地，原來這是綠色概念店 SOFR3SH。

SOFR3SH，即使是在台灣這片友善的土地上，也算得上是商業與農運結合的奇蹟吧。太平洋集團邀請 248 農學市集入駐，合作打造這個秉承日日誠鮮的綠色環保食材店，真是令愛健康重保養的一眾饞嘴之人興奮雀躍不已。

闊落的店堂游走幾步，眼滿盡是精挑細選的台灣本土優質食材食品。248 農學市集領軍人楊儒門，真正是台灣友善小農的代言人推廣人，走訪全台三百多位農民，勘察土地，檢驗產品，選擇最優質的綠色食品售賣，有機健康環保不只是口號，更是一種信念和夢想。

店裡最彈眼落睛的是植物工廠，當穿著防護衣的工作人員拿著儀器對蔬菜檢驗時，簡直就像植物的超級研究室。用 LED 燈取代傳統日照，以水耕的方式栽種無毒無害無污染高營養的蔬菜。熟成後直接採摘，稍作清洗即可食用，是工廠至餐桌真正的零里程零損耗。而小型的植物栽培機，更可搬回家中，自己動手種植，為食的樂趣和生活的情趣也鋪陳開來。

一番好奇想試試這些水汪汪的綠色小精靈，也可入座店家自設的輕食吧，點一盤現採的沙拉，喝一杯無添加的果汁。輕食吧也不定期舉辦各種農產講座和烹飪班，吸引一家老少外更能培養小朋友對健康環保的認識。貨架上那些徐蘭香的天然釀造醋、春一枝的洛神花茶、山村的調味品、阿金姐的嫩薑和脆梅、四方鮮奶、龍德的米，還有各種可追溯產地和生產者的魚鮮及肉乳製品，讓人都有捧回家的衝動。

健康自然，友善土地，當季當令的鮮食美學，SOFR3SH 是對台灣農業農產自豪與驕傲的實際努力。
　　　　　　　　　　　　　　　　　　　　　　　　　　　　（文：踏踏）

掌生穀粒

A 信義區光復南路 415 巷 182 號
T 2-2723-7511
H 09:30-18:30 （周一至周五）

崇尚自然，尊重土地，熱愛農作，走
訪大地的工作者。它賣的不僅是米是
茶是農產品，更是台灣的生活品味和
風格，應為它掌聲鼓勵。

微熱山丘鳳梨酥 e37

A 松山區民生東路五段 36 巷 4 弄 1 號 1 樓
T 2-2760-0508
H 10:00-20:00
www.sunnyhills.com.tw

夕陽西下，溫熱了這片南投的山丘，
孕育了最佳的土鳳梨，也帶「微熱
山丘」的鳳梨酥濃郁的果香和絲絲鳳
梨果肉的口感，天然的酸甜味，是最
和煦最淳樸的在地感。

王德傳茶庄 桂花普洱

A 中山區長春路 14-1 號
T 02-2561-8738
H 10:30-21:00
www.dechuantea.com

百年老號王德傳茶庄，以自家專有的
烘焙法，讓每種茶葉達到最佳的質
素，真正令每款茶葉都氣清、韻雅、
質醇、香遠。

在欉紅 果醬、軟糖

www.redontree.com

用上當令新鮮熟成的有機台灣原產水
果造成果醬，不添加任何人工凝結劑
和防腐劑，僅以糖作為保存水果的媒
介。香氣鮮甜原始豐富，紅芯芭樂、
百香果芭樂、花椒鳳梨、糯米荔枝都
是極受喜愛的口味。

與在欉紅果醬系出同門的風味軟糖，
用上法式水果軟糖（pâte de fruit）的
傳統製作技術，更奔放突出的彰顯台
灣新鮮水果的香氣風味！

白曝蔭油
www.wretch.cc/blog/r6881089

來自台南永興一家五代承傳百年醬油老店，這瓶白曝蔭油依循古法以黑豆、糖、鹽為原料精心釀製。過程中不添加任何香料和化學元素，忠實保留豆香，味道溫柔圓潤，入口舒服甘甜。

三尺堂 酥麻辣渣渣
www.wretch.cc/blog/sanchitant

嘴饞為食客捲起衣袖親自下廚研發的精彩好味道。以蝦皮、大蒜、紅蔥、辣椒、花椒以及魚露和蝦醬精心調配炒製，酥麻香辣，拌麵和入菜添香提味一流！

樂朋
黃金鵝油香蔥、黃金鵝油酥香蔥
ww.ciaobien.com

一經發現品嚐，從此家裡長年必備的就是這一瓶帶鵝油連香蔥的版本與一瓶香脆乾身的蔥酥。親切熟悉的家鄉好味道，拌進日常飲食生活每一個細節。

唯豐肉鬆
A 大安區忠孝東路四段 223 巷 24 號
T 2-2777-3696
H 09:00-22:00

唯豐只選用豬後腿肉，人手炒至肉絲纖維清晰可見，蓬鬆酥脆，香味撲鼻，百分百無添加的饞嘴或送粥恩物。

金龍肉乾
A 中正區羅斯福路一段 8 號南門市場
T 02-2396-9037

南門市場走一圈，一定會被金龍那烤肉乾的香氣不自覺的引來。特厚豬乾足有一公分厚，有嚼勁而汁水超多，吃不停口。

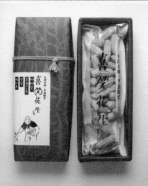

黑金剛花生
A SoFr3sh 大安區忠孝東路四段216巷27弄
  16 號 B1
T 02-8772-2901
H 0930-2130

小心翼翼地打開果莢，這黑色的樸實外衣下，蘊含著一顆酥脆甜美的心。粒粒飽滿的花生仁爽脆帶勁，濃濃的花生味，是大自然的美好饋贈。

出走台北

第二章之十四

其實短短的十天半月，半年一年，身處台北這個豐富多樣、色香味美的城市，認識了解品嚐都來不及，談何出走？

所以這出走，也和我好些年前貪玩提出的「半飽」一樣，因為生活中有太多精采，誰知道在下一個街角會碰上什麼更好玩更美味的？所以必須半飽，預留一點胃口；半飽，其實可以吃得更多。至於出走，就是讓身心稍作放空，拉遠一下距離。

在這個出走的情狀下，你我對台北，以及其周邊地方就有多一點立體的認識了解。在台北盆地以外的山野間，感受都市建設發展未及的一種鮮活自然的原生態，也能對照和評價甚至指引當下大家熱衷談論並實踐的慢活、減碳，回歸樸拙自然的新生活方式形態——

出去走走，多見多聞多吃多喝，出走台北，究竟是出走去台北？還是自台北走出去，其實都可以。出走，本來就不需要理由，本身就是一個藉口。

北投，溫泉，冰紅茶，
圖書館及其他

第一次來北投，已經脫光光。

當然記得是誰跟誰帶我入住那一幢小小甚至破破的日式房子，日據時期就開始營業的溫泉旅館。大伙在晚飯前已經趕著先去泡一次澡，那個黝黑細小的浴池，氤氳水氣，硫磺味濃，一眾男子高矮肥瘦，肉帛相見——

所以來北投，怎能不泡溫泉？至少，也得沿著新北投公園把台灣第一間溫泉旅社天狗庵遺址看看，走過瀧乃湯，一直走入地獄原來如此美的地熱谷。沿著山路往上去窺看一下近年打造的精緻休閒溫泉旅舍三二行館，預訂一頓據說不俗的由意大利大廚主理的午餐，然後下山見一眾長者輪候在價格十分便宜的公眾露天溫泉門外，準備下一輪泡澡，而沿路還可到溫泉博物館，了解以溫泉經營服務為外人所知的北投往昔對照今天。最後的落腳點，當然是叫人矚目好評如潮的北投圖書館。斥資一億兩千萬台幣的這幢圖書館，原木建構的外觀就像樹屋，利用太陽能發電，並設有雨水回收系統，完全是新一代綠色建築的典範，把閱讀生活與自然野趣環境成功結合。

當然身邊有從小在北投長大，在北投國中唸書，出國回來也依然住在北投的設計師好友根在帶路，這一趟短短北投散步，來往於平日遊人少到的民居街巷，雖然吃不到傳說中人龍不絕的溫泉拉麵，但到了北投菜市場中還是排隊買到了喝到了真材實料原味冰紅茶和桑椹紅茶，邊走邊喝，在炎夏溽熱當中，在遊人漸多的午後。

李根在
設計師

跟根在碰面認識之前，看過他一批在紐約生活期間創作的海報設計作品，簡單直接的，用字體的表現去探討自家身份在文化衝擊下的各種存在。及後根在選擇回到台灣教學和工作，回到熟悉不過的老家北投，一向敏感細緻的他又會怎樣再次為自己定位？十分期待！

真心羨慕居於北投的朋友，
家居附近就有這樣的休閒生活空間。

地熱谷景色絕妙
但基於安全原因，溫泉客不再。

平日背包沉重的我今日出走放得開，
什麼都不帶，只拿一把傘，隨便當行山杖。

楊宏光
蘑菇人

宏光很細心，知道我們這票工作狂，在城市裡忙得興奮忙得瘋，根本就不會給自己機會去呼吸新鮮空氣，所以他早就替我們想好了周末出走的目的地。而且明明就在他家的山後，他也要回城裡接載我們，在行走途中於圳邊小歇，早就為大家準備好的熱茶和荔枝就從他的背囊裡跑出來了。這位有兩個女兒的爸爸，是把我們也當小baby的寵著吧！

幽篁深處，一位大叔一位大哥。

坪頂古圳、鵝尾山、平等里

抬頭看天，看來要下雨了？我們還要不要上山？

出走與否，往往就在一念之間，如果我們放得開容得下，下雨當然也是一種很好的氛圍景緻。因此不再糾結，在城裡好樣吃完周末早午餐，我們就驅車往內雙溪方向的陽明山國家公園進發。

帶路人是老朋友，蘑菇設計團隊的其中一位話事人宏光。近年他迷上登山，所以今天帶我們在陽明山國家公園範圍內鵝尾山裡走的這一小段，完全說不上是爬山，簡單上坡下坡，簡直就是走平路。也因為是天陰小雨，反倒沒有太陽猛曬汗流浹背之累。

有宏光帶路，懶惰的我們根本就不用理會身處何方，只知道我們走的這裡叫鵝尾山，附近居民先祖居住的聚落叫大庄仔、平等里。百多年前開墾以來，先後開鑿出三條水圳，以作灌溉農田，民生飲用以至運輸之用。水圳是依循古法和順從生態建造的，至今也以傳統方式維修，除了有一段步道因為滿佈濕滑青苔產生安全顧慮，結果改以花崗岩替代本來的安山岩成為圳道，往裡走的也還是泥巴路面的古圳模樣，圳側的植物和昆蟲生物等也還是十分原生態。

我們從城裡進來不過是大半小時車程，再走進坪頂古圳這一段也只是一個小時不到，已經完全置身幽篁深處，呼吸著百倍清新的空氣。圳內活水潺潺，一行人都開心自在的走著，爭取這難得的出走機會，感受體會大自然的平和與靜好。

食養山房

A 新北市汐止區汐萬路三段 350 巷 7 號
T 02-2646-2266
H（必須預約訂位）

早就聽身邊老友說過食養山房。他們都說，去嚐嚐看看，你該會喜歡的。可偏偏就是如此，這些年卻一直錯過了好幾次跟朋友約在這裡用餐的機會。有趟因為工作未能準時結束，被迫要臨時取消預訂，有趟約好了又碰上颱風根本上不了山，有趟更離譜，看錯了約好的時間，人已經飛回香港了，只能讓台北老友頂替我的位置。這樣數翻折騰下來，我直覺是跟這個地方沒有緣份了。拖拖拉拉的，更聽說食養山房要從舊址搬到汐止了，那豈不離我更遠？

結果有天跟台北花藝界老朋友宗勇聊起，食養山房在汐止的新居，竟然就是我好多年前在一個風大雨大的日子去探宗勇於郊外的隱居處。宗勇後來有了家庭有了小孩也就搬離了那裡，幾年輾轉下來就成了現在的食養山房。宗勇說，他並沒有打算回去看看，我猜這大抵是怕牽引起情緒上某種糾結吧！

當我終於終於有機會，在一個早上還是滂沱大雨，午間忽然放晴的日子來到食養山房，我在依稀重組多年前來到這裡荒山裡的觀感經驗：當年的參差野趣，如今經人工修飾得略過工整，穿過山門步進主樓，經過暗黑長廊而再進用餐區，一旁是幽微石室，一旁是有天色有景的廂房……以食養山房現在的鼎鼎大名，各方各地來客可說是絡繹不絕，長期一位難求——也正就這樣，所以我在廂房一坐下，菜還未上，耳畔都是鄰座廂房客人的高談闊論，看來要做到食養山房主人理想中的「天地靜好，歲月無驚」的靜謐安詳境界，恐怕真的要對來客進行特別培訓提昇了。

又或者，得到用餐結束，耐心等待人潮散去，獨自的走一段三兩分鐘往茶室的路，或者在溪旁橋頭稍坐，讓溪聲潺潺蓋過煩雜人聲——我恐怕又得再承認這是我的問題：當人心未能靜，步調未能放緩，把你硬丟到這深山美境裡也是徒然。如此這般更浪費了主人深思熟慮形式先行的替大家安排的精致前菜，蓮藕包、蔬菜汁、蓮花燉雞……成就每道好菜其實除了廚師除了侍應，還得看進食者的心態和修養。所以說，飲飲食食不止是風花雪月的一回事，要多嚴肅有多嚴肅，要多沉重就多沉重。

無論如何，來到山裡，我看到四時幻變山色，我呼吸到跟城市裡不一樣的空氣。

淡水，老街、福佑宮、
紅毛城、海岸

一路坐捷運來。好在，漸漸瀝瀝的小雨慢慢停了，太陽露了半個臉。

雨後的淡水怡然優美，她早已褪去舊日的繁華與榮耀，變身台北人的後花園了。由地頭 Abon 帶路，第一次來此的我，也完全不用動腦筋策劃遊走路線，只需跟著他，用心看，仔細聽，給自己放放空。

漫步淡水老街，兩眼皆是古早式樣的磚造房屋改建而成的商舖，老屋揉合了日式或荷蘭式的元素，有獨特的美感和韻味。我也不時被美味小食和蓬勃香氣誘惑著，這一攤的魚酥、那一攤的鐵蛋，都要一嚐為快。

Abon 拉著我走上民宅間的坡道，在某個市集某座老屋一拐彎，看見數座古老的廟宇，其中最宏偉的福佑宮距今超過二百年的歷史，切身感受到本地人的精神信仰所在。

這時候又下起綿綿細雨來，雨中的紅毛城尤其美麗，這座四百多年歷史的建築，由西班牙人建造，荷蘭人修繕，英國人租借到中華民國接管，一路見證了歷史洪潮的翻騰前行。不遠的滬尾偕醫館揉合了閩南與西式的建築風格，毗鄰的淡水教會禮拜堂一身清水紅磚格外典雅。

一路走回海岸旁，這是我流連最久的地方。涼風送爽中看著情侶甜蜜的依偎，聆聽街頭藝人悠揚的樂聲，讓我變身做一日悠然自得的淡水人。刻意或不刻意地，總見小貓三兩隻，四下如若無人地散步，不時地在地上打滾嬉戲，或趴在屋頂窗前怡然自得的睡大覺。Abon 說，淡水人對貓有著無限的喜愛和情誼，你總能在各種手作禮品或明信片上感應到。（文：踏踏）

林于竝
國立台北
藝術大學
副教授

Abon 大學畢業後赴日留學，學戲劇、學藝術，人生多了一層感悟，也明白自己還是想念台北的怡然悠閒。多年後歸來，安家於淡水周邊，自在生活。由 Abon 帶路，游走在他喜愛的淡水小鎮，美食如數家珍，老建築再熟悉不過。一路零負擔地走走逛逛吃吃，最美妙的風景，於他便是平凡的生活場景。

有河書店是吹海風、閱讀、品咖啡、玩小貓的好去處。

沿著坡道小步上山，是寧靜悠遠綠意環繞的真理大學和淡江高中的所在。

淡水美食名物
阿給，是包著高
湯冬粉的油豆
腐，這每日新鮮
手作的好滋味
配一碗魚丸湯
吃最地道

君品酒店 H1
Palais de Chine Hotel

A 大同區承德路一段 3 號
T 02-2181-9999
P 約台幣 5800 / 晚起

以法式新古典風格呈現奢華美感的君品酒店，是將人文特色與藝術氣質完美融合的典範。雖身處台北市中心最繁華的地帶，但自踏入酒店那刻伊始，即感覺猶如置身於靜謐而華麗的歐式宮殿。

大堂中垂地的絳紅色絨布幕簾、皮革座椅及水晶大吊燈營造出歌劇院般的優雅，正中矗立著二米高的駿馬雕像，頗有貴族氣，它靜訴著一段旅途的行起。正對著的整面牆內嵌著超大的書架及精裝書籍，亦擺放著青花瓷器與地球儀，延續了濃濃歐風。

行至六樓的接待處，石砌的牆面似歐洲古堡般大氣，部分鏡面受酸蝕而襯現出水銀的古董鏡流露著歲月的氣息，天花板以雲朵的圖案勾勒出「品」字，極似中國元素的祥雲。每層樓的走廊中還有守護女神的銅像，不失婉約動人。

客房則開闊通透，色調深淺起伏，暗合法語中陰性及陽性的詞性變化，圓形的深浴缸為旅人帶來最佳的放鬆泡澡體驗。即使是衛浴小產品，也應五感而設計，給五感帶來愉悅，也令身心得以放鬆。

台灣著名建築設計師陳瑞憲及其團隊，在業主雲朗集團的大力支持下，完成了這業界內外讚不絕口的設計精品。休憩於如此古典優雅的酒店，給旅行一段安逸的享樂時光。

（文：踏踏）

薆悅酒店 In House Hotel

A 萬華區西寧南路107號
T 02-2375-3388
P 約台幣2750/晚起

她熒綠亮粉的招牌，即使在繁華的西門町也可謂搶眼。由夜店教父打造的型格酒店，用黑色的大理石牆面擁抱火紅的天花板，薄紗半透明的落地窗簾透著幾許曖昧，都延續了夜店的潮流風格。

房間設計巧心思，南法風格的桃花心木衣櫥和書桌搭配復古的藤編座椅，通透的浴室空間、TOTO衛浴設施和歐舒丹的洗浴用品，皆讓人有回家的放鬆感覺。白先勇的字句鐫刻在牆壁上，以人文美學道出民國當年的繁華印記。

（文：踏踏）

好樣公寓 VVG

A 大安區忠孝東路四段181巷40弄18號及
　20號2樓
T 02-2775-4386
P 台幣6800-9800/晚，請電洽

想要放下旅行遊客的身份，好樣公寓是變身為台北在地人的秘密住所。她隱身於東區的一條小巷弄間的普通民宅中，拾級而上進入公寓卻別有洞天。三間公寓各有氣質，芬寓是上海舊殖民地的混搭風，芳寓泛著南歐鄉村的清新澄淨。

最個性的君寓，透著英國工業時期的金屬感和陽剛氣，不論是古銅的燈具還是皮革飾物，都是店主外出旅行蒐集回來的珍藏，集結起來反有種舒適溫馨的家庭感。這兒絕對稱得上台北旅居的好樣選擇。

（文：踏踏）

台北吃到底

香港離島家中閉關伏案整月，早午晚
餓著揮筆敲鍵。餓著，其實是已經吃
了些什麼的了，但面前的照片和採訪
錄音，都是之前在台北個多月專注集
中覓食時搜集回來的。有來自各處菜
市場、各家餐廳食肆、各位廚師、烘
焙師、工場達人，還有一直在身邊幫
忙帶路敲門的舊友新朋，全都生猛鮮
活、色香味全——我怎能不餓，真想
馬上再飛回台北，四天三夜又四天三
夜的，從早到晚，吃進去，吃到底。

但我知道，我得先完成這個一發不
可收拾的味道系列的第一本，好讓
身邊一樣嘴饞為食而且各有原則態
度要求的一眾，都能一本在手，推
一道門開一扇窗，然後再吃出自己
的路綫和方法。

在此我得衷心感謝在台北那許多我
還一直未有空闖入去吃喝的餐廳食
肆，那許多我還未拜會聯繫的廚師和
飲食達人，還有那許多我來不及鑽進
去晃蕩的街巷，就是因為這樣我才有
無盡冀盼有莫大信心繼續吃下去活下
去（雖然包山包海也從來不是我的目
的），我也鄭重的感激那些我應該也
不會再踏足的餐飲空間，因為有沒有
用心經營打造，能否守誠盡責，其實
是有目共睹心知肚明的。

這個大膽構思之所以能夠落實啟動，
怎能沒有工作團隊中長期拍檔健和嚴
屬的督促，美蘭的細緻統籌，迪新又
拍又吃奮不顧身，踏踏的靈敏俐落
——特別誠邀作指路明燈的良憶更縱
觀台北全城，攜手設計編撰東南西
北區四條四天三夜飲食體驗路綫圖，
讓大家在吃喝的同時有根有據，準確
定位。而眾多新朋舊友在啟動之際進
行過程中都興高采烈主動報料一同吃
喝，實在是靈感及能量來源！

獨食易肥，吃到底的目的，就在分享。

應霽
二零一二年七月

歐陽應霽 作者

香港出生。

積極進取型閒散退休人仕。以貪威識食練精學懶為下半生做人宗旨。

一覺醒來向天發誓，要把自己從來喜歡和嚮往的城市，一直熱愛尊重的食物，和始終惦念和牽掛的人，有組織有預謀地，一一吃下去。

電郵：aycraig@gmail.com
新浪微博：http://weibo.com/yingchai

陳廸新 (Dixon) 攝影師

攝影師，家課製作成員。

從十八分鐘開通味蕾，到飯人遊歷坦認嘴饞為食，終致孜孜不倦地樂極在擺滿一桌甜酸苦辣與色香美味之前，忘形地躲在鏡頭後方一一記錄捕捉每道每頓垂涎欲滴。

新浪微博：http://weibo.com/ctsdixon
臉書：www.facebook.com/ctsdixon

戴蓓懿（踏踏） 助理採編

上海人。

曾經的酒店管理人，現在的美食工作者。

貪戀各種人間美味，以吃為第一要義，常年混跡於各大城市，發現、嘗試、記錄各種在地好味道。

新浪微博：
http://weibo.com/daitata